文明的故事

第四卷

人类精神与生活的演化

THE STORY of CIVILIZATION

花木僧——主编
王小伟 等——著

新 星 出 版 社 NEW STAR PRESS

目录

CONTENTS

灵魂的拷问

舌尖上的世界

这就是生活

工业大革命

文明的故事

灵魂的拷问

THE STORY of CIVILIZATION

古希腊人神殿：帕特农神庙

法国作家雨果曾说："建筑是石头的史书。"

建筑沉淀着历史，每当看到它们，就能唤起我们对依附于建筑之上诸多故事的好奇。

本章我们来简单探讨一下希腊的神殿建筑，通过这个建筑或许你可以一窥当时古希腊人的精神气质。同时你也可以当希腊旅行指南来看。

去希腊旅行，必去的地方就是帕特农神庙。里面供奉的是用黄金和象牙制作的雅典娜雕像。但是现在已经找不到了。

雅典娜是古希腊十二神之一，我们通常知道她是智慧女神，其实她还掌管战争，这也是古希腊人崇拜她的原因之一。雅典娜的造型一般是左手拿着盾牌，右手持矛，头戴头盔，身披羊皮胸甲，有时还会拖着胜利女神，面容淡定安详。从这看来，手游《王者荣耀》里雅典娜的造型还是比较符合原型的。

◆ 雅典卫城与帕特农神庙遗迹

希腊人信奉的神灵众多，看过古希腊神话里他们乱七八糟的关系你就深有体会了，简直就是狗血剧鼻祖。

因为信奉神灵，所以建筑神庙、祭祀诸神是古希腊人重要的生活内容，神庙是人们景仰的圣地，自然而然地也成为群众集体活动的场所。

希腊城邦的政治中心以及很多公用建筑都会修在神庙附近，这样的中心叫作卫城，它往往是古希腊建筑的精华，雅典卫城就是其中的代表作。因为古希腊地形山多地狭，而各城邦一般比较小，相对好管理，所以一个城邦的卫城往往建在山上，可以俯瞰自己的领土，利于防守。

希腊神殿的地基范围在 55 米到 110 米之间，大约是一个足球场的面积。地基一般是石质的梯形结构，类似中国的台。四边用圆柱围成拱廊，支撑的圆柱可达 20 米高度。高台的中央是内殿，用来安放所崇拜的神像。内殿的前方是一处引导入内的走廊，即门廊。在内殿的后面是后殿。从内殿实际上不能通到后殿。后殿的存在主要是考虑到神殿前后空间的平衡，一般作为一个多余的储物空间来用。简单概括就是梯形台面上建造柱子、柱子撑起空间、墙把里面分割为内外殿。

希腊盛产石材，因此古希腊建筑大多用大理石作为材料。但也并不是一开始就这样。毕竟木头比石头操作起来要简单得多。

公元前 8 世纪初期，希腊人的建筑还是用木头再加上茅草屋顶建造的。直到公元前 7 世纪晚期，希腊本地的神庙才开始逐渐用石头来建造。很多建筑甚至是木石泥砖混合体。一般都是石头地基、泥砖外墙、木头柱子，房顶一般用木头。

神庙的石头一般是石灰岩，颜色青灰，也是我们日常生活里最常见的一种岩石，今天一般也用来加工成石灰和水泥。希腊神庙大量用这种石头，但是在外面包裹一层洁白的大理石。大理石用山羊毛轮打磨光滑，可以很好地抵御雨水的侵蚀。

希腊人还从特别擅长丈量土地的埃及人那里学了不少几何学知识。

通过继承和发展，希腊人用到了大量的几何学知识来纠正建筑中的视觉畸变。例如立柱不是竖直的，而是向内殿倾斜，不仅如此，神庙的台基也不是完全水平的，而是向上隆起，长边中央比两端高出约 10 厘米。

神庙的整个檐部也呈现相似的弯曲形状，柱廊上的每个柱头都稍有变形。这样人们从下面仰望上去，看起来就是垂直和谐的。帕特农神庙整体看起来很有美感，这是因为它使用了黄金分割和黄金矩形，即长边与短边之比为 1∶0.618。

帕特农神庙兴建于公元前 5 世纪，其实不算最大，它的地基大小为

◆ 古希腊建筑的主要柱式

69.5 × 30.9 米，由其内部两列的多立克柱式为主结构撑起屋顶。

为什么它这么有名呢？因为其是多立克柱式的经典代表，其雕塑水平也代表了希腊最高水准。

这里必须要科普一下古希腊建筑的柱式，主要有以下三种：多立克柱式、爱奥尼柱式、科林斯柱式。特别复杂的描述和区别我们就不说了，三个柱式的主要区别就在于底座和顶端。

多立克柱式没有底座，唯一的装饰是柱子上刻的直线凹槽，显得比较阳刚严肃，柱头没有什么多余修饰。

其他两种柱式是它的升级版本，都有底座。爱奥尼柱式顶端是两个旋涡状的东西，显得优雅；而科林斯柱式顶端像个花篮，柱头是用毛茛叶作装饰，给人感觉上更为华丽，我们经常会在摄影棚里看到把它当成道具。

帕特农神庙从公元前 447 年开始动工，花了十几年，大约在公元前 432 年完成，其中的雕塑部分又花了大概一年才完工。

提到雕塑，有一个误解需要澄清。我们看希腊的雕塑，比如说拉奥孔，以及断臂女神维纳斯，都是大理石本色，看着有一种古典美，实际上这些雕塑原来可能颜色特别鲜艳，只不过颜料后来很快就氧化了。现在你站在帕特农神庙面前，发现神庙是个石头色，看着素净淡雅。实际上，希腊神殿也并不是没有颜色的。古希腊神殿颜色原来是非常鲜艳的，石材常用红、蓝、白三种颜色，偶用黑色。

目前你去希腊能够看到的帕特农神庙基本就剩下几根柱子了。其山墙浮雕，以及柱子和山墙之间的腰线浮雕很多都保存在大英博物馆。在东边的山墙上雕刻的是雅典娜诞生，西边山墙上雕刻的是雅典娜和波塞冬争当雅典守护神的故事。

雅典娜是宙斯与女神墨提斯所生。有预言说两人所生的儿女会推翻父亲，宙斯就把她吃掉了。宙斯因此头痛欲裂，怎么都治不好。火神赫菲斯托斯打开宙斯的头颅来治疗，结果雅典娜一跃而出。因为她是从宙斯头颅里出来的，因此代表智慧。后来雅典娜和波塞冬竞争，看谁能成为雅典的守护神。

海神波塞冬用他的三叉戟呼唤出一匹战马，象征战无不胜。

而雅典娜用长矛变出一棵橄榄树，象征和平和富裕。雅典人最终选择了雅典娜。

希腊神庙怎么用呢？其实它和教堂、佛庙差别都比较大。教堂是做礼拜的地方，佛庙是拜佛的地方。但是神庙里面是不举行祭拜活动的，祭拜活动都是在外面进行。神庙里面并不是每个人都能进去，主要是祭师才能进。神庙里面除了放置神龛之外，还放什么呢？答案是放钱。

帕特农神庙就用来放置雅典的钱财。这些钱不仅仅是用来献祭的，一些战利品，包括其他城邦向雅典支付的保护费，都存在神庙的阁楼上面。帕特农神庙的阁楼早就被破坏了，但研究人员估计它的地板面积将超过网球场的三倍，尺寸为 19 米 ×50 米，高大概 3 米。

神庙之所以作为保险库主要有两个原因：一方面它足够大，可以存储

◆ 帕特农神庙残留的廊柱

很多银币；另一方面它足够安全，任何闲人都不敢进去，私入是渎神，要治死罪。所以神庙成了一个重要的货币储备地点，在一定程度上扮演了银行等金融机构的角色。

例如希腊提洛岛的阿波罗大庙，当时就是非常重要的银行机构，可以向个人、城邦发放贷款。利率还不少，在百分之十到百分之二十之间。在国家进行战争时期，神庙可以提供充足的财力保障。同时，大量的银币的贮备，可以用来稳定物价，促进生产。所以今天我们也能看到很多银行是按照希腊神庙的样子来建造的。尤其是殖民时代的银行，很多都模仿古希腊罗马时代的建筑风格。

通常，一个城邦往往是围绕一处神庙建造。为什么神庙如此重要，仅仅是因为希腊人信仰的众神真的存在吗？

神庙统管人们的精神追求，既是形成城邦认同感的手段，也是其结果。人们不惜用最艰苦的劳动、最稀有的石材去建造神庙，用黄金和象牙雕刻神像，这是为了在实际生活中建立起来一种神圣性的秩序。只有具有神圣性的规则才是秩序，也才必然要求人人遵守，不容世间的特例。所以说恰恰是神庙使得繁荣的世俗生活成为可能，雅典人的神庙不愧为伟大的建筑和心灵技术。

回到建筑本身，希腊神庙建筑的影响是世界性的。很大程度上，我们可以讲它奠定了公共建筑的基本图式。你看美国白宫、德国国会大厦、法国卢浮宫、南非议会大楼，我们都能看到三角门楣。甚至于我们的人民大会堂，它的硕大柱子也有科林斯式柱子的影子。上面我们提到了神庙的公共性作用，所以这些公共建筑模仿它是很自然的。

（王小伟）

西方文学的起源：《荷马史诗》中愤怒的阿喀琉斯

如果说中国历史，自然会想起商周、秦汉、唐宋等朝代。而说起欧洲历史，古希腊也是同样的位置，它是海洋文明的摇篮。

这里的古希腊不直接等同于今天的希腊。

古希腊文明持续了大约 650 年，从公元前 800 年到公元前 146 年，直到罗马占领希腊全境，马其顿王国灭亡。这段时间大约是中国的春秋战国时期。

希腊那时候不是指一个国家，而是指一个地区。这里沿海半岛山多地狭，有一堆小的城邦。简单来说古希腊文明可以分为 4 个阶段：1.0 版本——克里特文明，发生在离希腊本土的克里特岛；2.0 版本——迈锡尼文明，克里特文明逐渐没啥前途，希腊本土开始雄起；3.0 版本——古风时代和古典时代，城邦兴起，其中两个大佬雅典和斯巴达互相看不顺眼，拉帮结派，没事就对着干。

在两拨人打得热火朝天的时候，隔壁的亚洲冒出一个大帝国波斯想要吞并希腊半岛，于是漫长的希波战争开始了。

外敌当前当然要同仇敌忾，可是波斯被赶走之后，两拨人又开始了窝里横，打起了著名的伯罗奔尼撒战争。自己人打得不可开交，却没想到给了隔壁马其顿人可乘之机，有个人憋了个大招居然把希腊统一了。而这个人就是大名鼎鼎的亚历山大大帝。而后来随着亚历山大大帝的英年早逝，罗马人捡漏成了希腊的主人。

但是希腊打仗不行，文化却很在行，反过来折服了罗马人的心灵，罗马大踏步进入了希腊化时代，也就是所谓的 4.0 版。而这也造就了后来所谓的欧洲文明。

如果要了解古希腊文明，有这样一本书是不得不提的，它就是我们要讲的《荷马史诗》。它是由古希腊一位著名盲人诗人荷马创作的，描写的是古希腊迈锡尼文明。

《荷马史诗》包含两部长篇史诗，分别是《伊利亚特》和《奥德赛》。虽然是独立的两部史诗，但是两者都是围绕着特洛伊战争而展开的。

不同之处在于，《伊利亚特》讲的是特洛伊战争最后几十天发生的事件。《奥德赛》讲的是奥德修斯在特洛伊战争胜利后，漂泊十年中最后一年多的事情。而这两部作品所讲述的历史，开篇以“阿喀琉斯的愤怒”为切入点。

有一个叫作特洛伊的城邦非常富裕，希腊人非常渴望据为己有。于是他们组建了联军攻打特洛伊城，著名的特洛伊战争由此爆发了。

虽然史诗中说是因为争抢世界上最美的女人海伦而起，但是历史的真相应该是因为财富。历史上大多这样的事件，女人往往只是借口而已。

希腊联军的首领叫阿伽门农，阿喀琉斯则是希腊联军中实力最强大的英雄。在战争进入第十年的时候，发生了一件令阿喀琉斯极为愤怒的事情。原来阿伽门农把阿喀琉斯的一位女俘虏占为己有，这让阿喀琉斯怒不可遏。

为了报复阿伽门农，他决定罢工，不再参加战争。这就是著名的“阿喀琉斯的愤怒”。

◆ 阿喀琉斯塑像

失去了阿喀琉斯的希腊联军节节败退，毫无招架之力，但阿喀琉斯不为所动，丝毫没有出征的念头。无奈之下，阿伽门农只好请求另一位英雄帕特洛克罗斯支援自己。小帕是阿喀琉斯最要好的朋友，他打扮成阿喀琉斯的模样，穿上阿喀琉斯的铠甲走上了战场。

可惜小帕的实力终究差了几分，最终被特洛伊城的英雄赫克托尔杀死了。

听到这个噩耗，阿喀琉斯决定替自己的朋友复仇，帮助希腊联军攻打特洛伊城。

经过一番鏖战，他亲手杀死了赫克托尔。这次胜利最终成为整场特洛伊战争的转折点。

关于特洛伊战争已经讲过，这里再简要地回顾一下。

记得最初读《荷马史诗》的时候，我一直很好奇为什么作为军队的将领，阿喀琉斯可以随便离开部队，不听从统帅的指挥，甚至没有接受一点点军法的处罚呢？不是军令如山吗？当然史诗中提到阿伽门农抢了阿喀琉斯的奴隶，这是阿喀琉斯出走的动机，但并不能为他的行为提供合理性。

◆ 阿喀琉斯拖曳赫克托尔的身体绕城场景

那么，是什么给予了阿喀琉斯这么大的独立性和豁免权呢？这其实是由古希腊城邦的共和政体所决定的。

与王权政体不同，城邦与城邦之间相对平等。虽然实际上无法避免实力的强弱分化，但彼此之间都能维持一个相对平衡的态势。

攻打特洛伊的这支联军，本质上是各城邦联盟的产物。其统帅本质上是一个相对有号召力的盟主，而不是具有绝对权威的领袖。像阿喀琉斯、奥德修斯这样的将领，在自己的家乡都是统治一方的奴隶主，在联军里拥有相当程度的自主权。

在西方古代世界，王权政体和共和政体都各有其独特的诞生渊源与适用环境。具体到特洛伊战争这个场景当中，各城邦保持相对独立性的联军模式，很显然是不利于应对瞬息万变的战场形势的。

◆ 特洛伊古城的废墟遗址

说完了阿喀琉斯的故事，我再来说说《荷马史诗》本身。史诗，是历史的史，这是记录性；诗歌的诗，这是文学性、虚构性。

在古希腊，史诗就是描述神、英雄和人的事迹的宏大诗篇。早前人们一直觉得《荷马史诗》是虚构的，因为里面有很多神话色彩的记事，但是随着考古学的发展和进步，很多考古遗址都证明《荷马史诗》里所讲述的传说，并不都是虚构的文学作品，而是以真实的历史为基础创作出来的。甚至特洛伊城都被发掘出来。《荷马史诗》被公认在真实与虚构之间达到了绝妙平衡。

我们反过来想一想，真实与虚幻交织存在，有的时候会很巧妙，但有的时候也会让人产生困惑。还是以《荷马史诗》为例，城邦之间发生的战争是真实的，但是奥林匹斯山上众神的故事也是真实的吗？当他们交织在一起，说是众神参与了战争并且影响到战争的结果，那这个故事还有可信度吗？

对于这个问题，有学者认为，在荷马本人所处的那个时代，人们相信神是真实存在，比如有一些非常著名的神，天神宙斯、智慧女神雅典娜、海神波塞冬等。

在荷马看来，史诗中的种种情节和人物设定，根本不是他的虚构，恰恰更趋近于他和他同时代人眼中的事实。

是不是有点懵，我再给你解释一下。20 世纪 80 年代，法国学者马赛尔·德提耐提出一个观点，神话理论是 18 世纪才形成的，我们现代人不应该用这个框架去理解古希腊的这种叙事，而应该回到那个时代去理解古希腊史诗。同样的理论你也可以用来去理解各大文明的早期传说，在那个时代人的眼中，这些全是事实。

（雷思温）

苏格拉底之死：乌合之众的力量

我曾经学过哲学，很长一段时间我都不好意思说自己的专业。人们会用奇怪的眼神看我，仿佛研究哲学的人，要么是一群不食人间烟火的大仙儿，要么是整日浪费时间在无用之处的傻子。

我可能是个傻子，但是真正的哲学家并不都是奇奇怪怪的人，他们只不过比很多人看问题更为深刻、更为理性，也往往不热衷于在世俗生活中取得名声和利益，所以显得与世人有些不同。

最早的哲学家们除了思考人世间的生老病死外，还做今天科学家的工作，研究自然万物的真理。因此，今天西方大学理论性自然科学的博士学位还叫 PhD（哲学博士）。

哲学的第一故乡，就是古希腊。古希腊奠定了西方思想的根基，还为后来自然科学的发展提供了土壤，就是因为这里曾经疯狂出现过一大拨哲学家。

西方第一位哲学家名叫泰勒斯，他出生于公元前 624 年，逝世于公元前 546 年。泰勒斯的故事最能说明，哲学家在一般人眼中是怎样的形象。

泰勒斯对天文学、气象学和数学都非常感兴趣，行为上更像一个科学家。他喜欢夜观天象，琢磨一年的四季轮回、秋收冬藏是怎么来的。有一天他一边抬头看着星空，一边在心里想：

“明天看样子是会下雨的。”

可是他万万没想到，就在他边走边观看夜空的时候，脚底下突然出现了一个巨大的泥坑，他一不留神就掉了进去，

◆ 泰勒斯画像

正所谓“仰望星空，脚踩大坑”，泰勒斯差点摔死。可是奇怪的是，他掉进坑里之后，还是没忘记星空的问题，在坑里继续思索。直到有人发现他掉进了坑里，把他救了上来，泰勒斯这才脱离了生命危险。可是他在获救之后，还是在喃喃低语他那些关于天文和气象的问题。

因此，当时就有人嘲笑泰勒斯，说他一天到晚总是琢磨着奇怪的问题，却在日常生活中非常失败。

“你看，这个呆子只想着天上的星空，却看不见脚下的坑。”

是的，人们总是小心脚下的坑，却无心仰望头顶的星空。

泰勒斯听到这些风言风语之后，心里也有些不舒服。他准备向他家乡的人们证明，只要愿意，哲学家完全有能力获取财富。他研究了当年的气

候与物产状况，并预测橄榄会大丰收。

于是他抢先租用了市场上绝大多数制作橄榄油的工具，囤积居奇。等到橄榄成熟之后，他凭借着自己的那些机器垄断了橄榄油的生产。当然赚大发了。

在赚完钱之后，他立刻不再做生意了，重新投入对哲学的研究中。泰勒斯就是想告诉那些不理解他的人，哲学家不是不能过成功的世俗生活，只不过他有更重要的研究工作要做。

泰勒斯的故事展现了一个忘我投入自然奥秘的哲学家形象。西方哲学真正的奠基人、大名鼎鼎的苏格拉底则呈现了另外一番人生境界。与泰勒斯不同，苏格拉底最大的功绩，就是把哲学从天上唤回了人间。

“这是什么意思呢？”

苏格拉底不再像泰勒斯那样，专注仰望星空，他要让哲学从研究天上的科学转变成研究人性的学问。

苏格拉底对人的道德问题特别感兴趣，比如什么是善，什么是恶。为了寻找这些问题的答案，苏格拉底访问了古希腊很多著名学者，却都找不到答案。苏格拉底后来回忆道：很多大学问家都喜欢研究宇宙和人的身体究竟是由什么物质和元素构成的，但却根本没人关心人内心的道德。

在苏格拉底看来，人必须有内心道德，才有判断能力，如果没有道德就一无所知。所以他说：“我只知道自己一无所知。”

言下之意就是，很多大名鼎鼎的所谓思想家，其实连自己很无知都不知道，何谈自知之明。

“苏哥，您这不是得罪人吗？”

为了把哲学唤回人间，苏格拉底经常与各阶层的人士来往，在雅典的街头与大家辩论交流。可也就在这个时候，他的厄运降临了。公元前399

年，70 岁的苏格拉底被雅典人判处了死刑。而这距离雅典民主政治最辉煌的伯里克利时代仅过去 30 年，伯罗奔尼撒战争刚结束 5 年。

◆ 苏格拉底画像

苏格拉底之死是西方历史中的一件大事。他是西方思想的鼻祖，地位相当于中国的孔子、印度的释迦牟尼，他为什么会被判处死刑呢？

如果你对苏格拉底有点儿了解，就知道他有多么不招人喜欢。他与人见面的时候，最喜欢的就是发问，而且一旦开了这个头，往往是喋喋不休地问下去！直到被问者理屈词穷，露出尴尬的神色，苏格拉底才潇洒地拍拍屁股离开。他，这个怪老头，竟然让成功人士和底层百姓都认识到了自己的无知，是可忍，孰不可忍！所以你就明白，这样一个挑刺者的角色，怎么可能招人喜欢呢？

这个不讨人喜欢的苏格拉底，特别关心年轻人，带领他们一同思考讨论那些过去认为理所当然的问题。于是，被惹怒了的雅典公民们，以煽动年轻人思想的罪名，成立了法庭来审判苏格拉底。

这 500 名陪审员同志都是从雅典普通的公民中抽签而定，所以他们做出的判决无论是正确的还是错误的，都是民主的决定，都是符合城邦法律的决定。当时的法庭还算讲究程序，也给予了苏格拉底充分的辩护机会，所以才流传下来经过弟子柏拉图记载的苏格拉底的《申辩篇》。

今天我们读着这样的文字，无论如何也想不明白，为什么这样浅显易懂的道理竟然不被这 500 名参与投票的公民所认同呢？原因无他，因为他

◆ 苏格拉底喝毒药的场景

死不认错！

苏格拉底，你在蛊惑年轻人独立思考呀？你怎么可以不认错呢！你用你的巧舌如簧告诉众人他们的无知，你怎么可以不认错？难道这个世界上就只有你苏格拉底聪明吗？你苏格拉底竟然在人民的审判席下，胆敢为自己辩护！于是，等待苏格拉底的就是死刑的判决。

在得知自己仍被判处死刑之后，苏格拉底缓缓走入大牢，泰然自若，情绪没有变化，头脑还和以往一样冷静。

可他的学生们却都哭成一团，纷纷献计献策。在苏格拉底被判处死刑后，其实他也不一定非得死。根据当时古希腊城邦的法律，他其实有几种方式可以免死：一是说自己家里有很大的家庭负担，有老人和妻子要照顾；二是还可以缴纳一笔高昂的保释金，换取取保候审，甚至他的爱徒柏拉图，都已经给他筹到了这笔钱。只要苏格拉底同意，其实他分分钟可以免死。也有安排得很周全的办法，让他越狱逃到别的城邦。

但是，苏格拉底却没有接受。他在牢狱中对弟子说：“现在，我去死，你们去活。谁的去处好，只有神知道。”说完从容地拿起了毒酒，一饮而尽，自始至终没有流露出任何悲观的情绪和绝望的态度。

最后的遗言甚至是：“想起来，我欠药神一只雄鸡未还。”

几分钟之后，西方历史上最伟大的思想家苏格拉底就永远离开了人间。

要理解苏格拉底到底为什么死，就必须要搞清楚在城邦中道德与法律之间的矛盾。雅典城邦最核心的理念是自由，这是道德和法律共同的基础。从道德上讲，雅典人认为自由是由众神赐予雅典的宝贵品质。而从法律上讲，自由意味着维持城邦的现行制度，因为这些制度是自由的保障。道德与法律通过自由的概念相连接，构成了雅典城邦的政治基础。

但是作为哲学家的苏格拉底思考的目的就是探索现存社会观念的边界。一旦突破了边界，就会带来两个结果：一个结果是使得人类对世界有了新的认识；另一个结果，也就触碰了雅典城邦体制的禁忌。苏格拉底拓宽了“道德”的天地，就必然会与还没有变更的法律相冲突。于是苏格拉底成为城邦中最危险的“异端”。在道德与法律的冲突之中，苏格拉底也就必然会被审判了。

苏格拉底之死的影响是极为巨大的。在他死后，就有追随他的年轻人选择了自杀。这些年轻人觉得在没有苏格拉底的世界，失去了生活的价值和前进的方向。自此之后，古希腊有越来越多的人沿着苏格拉底的道路投身于哲学研究之中去了，去探索人类观念的新领域。其中就有赫赫有名的柏拉图与亚里士多德。

泰勒斯和苏格拉底的地位在他们死后越来越高。他们所留下的精神财富，逐步塑造了西方哲学乃至西方文化的基本世界观——理性思考、认识自己、解放人性。以至在西方世界经历千年黑暗的中世纪之后依然能够拉开文艺复兴的序幕，冲破宗教的桎梏，带领人们重新找回自由和理性。

（雷思温）

伊斯兰文学高峰：《一千零一夜》和《鲁拜集》

开始本章的故事之前，先问一个问题，《一千零一夜》有多少个故事？1001 个还是 996 个？

提起伊斯兰教，大家也许会想到石油四溢的阿拉伯半岛，会想到《古兰经》和清真寺，或许会想到虔诚的信仰与纷乱的战争。

然而除了这些印象之外，伊斯兰教还在其漫长的历史过程中留下了丰富多彩的哲学、历史、文学、艺术、科技等多方面的成就。我们就来着重介绍一下伊斯兰文学方面的成就。人们最熟悉的伊斯兰题材文学作品就是伟大的文学名著《一千零一夜》了。它与《安徒生童话》《格林童话》《王尔德童话》并称为四大童话。

《一千零一夜》里有许多故事都是不朽的经典篇章。比如《阿里巴巴与四十大盗》《航海家辛巴达》《阿拉丁和神灯》等，提起这些故事的名字，我们就仿佛进入了另一个神奇的世界。

但《一千零一夜》并不是大家以为的有 1001 个故事，也不是 996 个，

◆《一千零一夜》故事插画

这个数是我编的，你可能会上当。它只有264个故事。除了故事本身很有趣以外，它讲故事的方式也很特别，往往一个故事中会出现一个新的故事，而前一个故事又会与下一个故事紧密相连，高潮连连，精彩不断。

究竟是谁创作了这本不朽的名著呢？按照《一千零一夜》的记载，这本书起源于一个残暴的国王。

传说在古阿拉伯半岛附近有一个海岛，统治海岛的国王名叫山努亚。他娶了一个美丽的王后，在自己的王国中过着快乐的生活。有一次山努亚外出，在一棵树下休息，同行的还有他的弟弟。这时发生了奇怪的事情：不远处的海中突然出现一个女子，款步走到他们面前。山努亚有些害怕，不知道这位女子会对他们做什么。没想到这位女子开口说，千万不要相信天下的妇女，她们都不值得你信任。

听完这段话，山努亚有些摸不着头脑。这究竟是什么意思呢？我与王后的生活幸福快乐，我怎么会不相信王后呢？山努亚左思右想怎么都想不明白。伴着这样的疑惑，他和弟弟改变行程，提前回宫。

可是刚一回宫，山努亚就看到了令他绝望愤怒的情景。原来王后趁他外出的时候，和黑奴鬼混在一起，正好被山努亚逮了个正着。这可把他气得半死。想到自己心中最爱的王后居然做出这种无耻下流的事情，山努亚一怒之下命令手下杀死了王后。

这时他想起了在海边那位女子曾经对他说过的话。眼前的事实似乎证明，她说的话很有道理。山努亚越想越生气，便决定要大开杀戒报复女性。于是他每天晚上都会找一位女子与他过夜，可是第二天早晨之后就会立刻把她杀掉。就这样过了三年时间，山努亚杀掉了上千个女子，仍然难以平息自己心头的愤怒与仇恨。

就在这时，有一位叫作山鲁佐德的女子出现了。她是宰相家中的大女儿。整整三年的屠杀，让山鲁佐德悲愤不已。她决心要把可怜的女子从死亡中拯救出来。于是她自告奋勇，来到了国王山努亚的身边，说自己愿意陪他一夜。

不过与其他女子不同的是，山鲁佐德在晚上给国王讲了一个故事，但是故意不讲故事的结尾。由于她讲的故事太精彩了，国王实在是不忍心杀她，就让山鲁佐德明晚接着讲。第二天晚上，山鲁佐德依然不把故事讲完，于是国王再一次推迟了杀她的日期。就这样一晚接着一晚，很快三年多的时间就过去了，山鲁佐德在一千零一夜的时间中讲了很多劝善惩恶的故事。

当最后一个故事结束时，国王山努亚终于被山鲁佐德的智慧和诚心打动，决定再也不随意杀人了。而山鲁佐德所讲的故事，就是后来《一千零一夜》的来源。

当然，这只是神话传说。事实上《一千零一夜》是阿拉伯人和波斯人在漫长的时间内集体创作出来的文化结晶。而这样的文化精品在伊斯兰文化中还有很多。除了《一千零一夜》外，波斯诗人们的诗歌作品也是伊斯兰文化杰作。

波斯的核心地带在今天的伊朗。在改信伊斯兰教之后，波斯地区涌现了一大批杰出的诗人。直到今天，很多伊朗人都会随口背诵和吟唱这些美丽的诗篇。在这些诗歌作品中，《鲁拜集》是名声最大的诗集。而说起这本诗集，还跟泰坦尼克号有一段悲伤的往事。

《鲁拜集》中的诗歌，和中国的绝句非常相似，往往采取第一、二、四行押韵，而第三行不押韵的写作形式。由于这本薄薄的诗集在全世界范围内流传甚广，以至于出现了各种各样华美奢侈的收藏版本，其版本之多，几乎没有第二部文学作品能与之相比。

有趣的是，它的作者，波斯 11—12 世纪的著名诗人海亚姆，却并没有把自己的这部作品当回事儿。海亚姆还是波斯历史上著名的数学家和天文学家。他把自己一生的大部分精力都投入发现自然奥秘的工作中了。可他去世之后，人们之所以记住他，却大多是因为这本他并不在意的诗集。

◆《鲁拜集》作者海亚姆画像

在《鲁拜集》诞生后，时间淌过了 700 年，来到了 19 世纪的英国。1857 年，有一位名叫菲茨杰拉德的英国著名诗人在阅读《鲁拜集》之后深深被它打动了。他把《鲁拜集》翻译成英文。自此之后，《鲁拜集》一下在西方世界引起了巨大的轰动。无数读者为这本诗集所倾倒，无数艺术家为之痴狂。

不少人觉得光是阅读这本诗集还远远不能表达自己的敬仰之心，于是很多画家纷纷为《鲁拜集》创作插图。伴随着这些插图的出现，各种各样版本的《鲁拜集》也随之出版，其中最为奢侈豪华的版本使用了将近 5000 块各种颜色的羊皮，镶嵌了 1000 多颗宝石，烫有 100 平方英尺的金叶脉络，是当时英国手工书装帧的极致典范，成为当时以至于现在最为名贵的《鲁拜集》。

这本极尽奢华的诗集，被一位达官显贵带上了泰坦尼克号游轮，准备运回美国。1912 年 4 月 10 日，泰坦尼克号撞上冰山沉没，装在橡木盒子中的《鲁拜集》随之落入海底。当时被评价为：当代最豪华的书，与最豪

◆ 中世纪的伊斯兰文化

华的邮轮一同沉没于汪洋之中，这也许是它最好的归宿。

《鲁拜集》不仅在西方世界掀起热潮，同样在中国也有诸多译本，其中不乏名家，例如郭沫若、梁实秋等人，都曾翻译并出版了这本诗集。从民国以来，光是《鲁拜集》的中文版本至少有几十种之多，足可见这本诗集所散发的巨大魅力了。

他的作者海亚姆也许在生前从未想到过，自己随手创作的诗集居然能够引发后世这么多人的热爱，这也从一个方面证明了伊斯兰文化所具有的持久魅力。

一直以来，伊斯兰文明和伊斯兰教一样神秘！伊斯兰文明虽然为人类历史带来的巨大贡献，但也容易被伊斯兰之外的世界遗忘。

但在 7 至 8 世纪，伊斯兰世界是世界文明的领先者，沟通东西方文明的桥梁。在欧洲中世纪一片黑暗之时，伊斯兰国家早期具有现代意义的大学、医院、养老院等已经开始形成，而欧洲人更是积极吸取伊斯兰文明的辉煌成果。尤其是在文学方面，不仅有《一千零一夜》这样经典的童话故事和广泛流传的《鲁拜集》诗集，近现代更是产生了影响世界的文学大家纪伯伦以及诺贝尔文学奖得主纳吉布·马赫福兹等。

虽然后来各种问题导致伊斯兰文明盛景不在。即便如此，伊斯兰文明还是具有强大的生命力，世界上很多国家至今仍保留了伊斯兰文明的特色。伊斯兰世界的文化杰作对当今世界仍然发挥着重要影响，也为人类文明留下了浓墨重彩的一笔。

（雷思温）

现代社会的危机：浪漫主义运动与法国大革命

当世界进入近代社会，伴随着自然科学的节节胜利，西方文明蓬勃发展，一时间人类仿佛成了大自然的主人，能够利用科学技术随心所欲地满足自己的愿望。大自然不再是生机盎然的神秘乐园，而成为人们竞相征服和控制的资源与财富。

哲学家们也呼应科学的革命，笛卡儿、培根这样的哲学家对大自然的研究日益深入。这时，有一个人终于站了出来，勇敢地批判人类对大自然的傲慢态度，开启了后世的浪漫主义思潮。这个人还是震撼世界的法国大革命的思想教父。同时，他还发明了今天我们都在用的音乐简谱。

他就是出生于瑞士的法国思想家卢梭。

提起卢梭，总是有说不完的话题。他的一生极具传奇色彩。他不但是一位第一流的思想家，同时还是一位著名的文学家，此外还是红极一时的音乐家和剧作家。

而且更值得一提的是，在卢梭之前的西方思想家，几乎都拥有较为体

◆ 普罗科珀咖啡馆里知识分子们的聚集场景及半身像

面的家庭出身和良好的教育背景，而卢梭从小就饱尝了人世间的辛酸，所有的文化知识几乎都是通过自学而获得。他从一名平凡的小镇青年，凭着个人努力与天赋成为改变西方命运的伟人。这几乎是不可复制的传奇。

1712 年，卢梭出生在瑞士日内瓦的一个普通家庭。由于生活所迫，卢梭从小从事过各种各样的职业，从来没有机会获得过系统的文化教育。幸运的是，他在一位贵妇华伦夫人的家中居住过一段时间，在那里自学了音乐、哲学、政治学等各个学科的知识。

后来这位少年来到巴黎，结识了很多学术名流和文化名人。他一方面从事学术研究；另一方面还写作了一些名噪一时的歌剧作品，发明了流传至今的简谱。按理说，卢梭应该为自己的成就和前途感到满足了，毕竟他在巴黎就已经小有名气，完全不必再为生计担心了。可是他却越来越感到愤怒和压抑。

这是为什么呢？

卢梭虽然已经对巴黎相当熟悉了，却始终无法抑制自己对这座文化名城的厌倦与反感。他发现，大城市的上流社会往往虚伪不堪，贵族们一方面大谈最新、最时尚的学术思想和艺术作品，另一方面却沉迷于伤风败俗的事情之中。并且还大言不惭，恬不知耻。

而这与卢梭从小在底层社会生活的感受正好相反。他发现了一个矛盾的现象，往往教育程度越低的人，天性越淳朴；而受过高等教育的人却越来越堕落。

这些思考与观察最终促使卢梭写下划时代的作品《论科学与艺术》。这是近代欧洲历史上第一部全面批判近代文明的著作。当时那些改造自然的宏伟蓝图与科学计划，那些群星灿烂的文艺作品，在卢梭看来全都是伤风败俗的毒药。

《论科学与艺术》发表之后，卢梭一跃而成为整个巴黎的思想明星。无数人争相阅读这部作品，并与卢梭展开激烈的交锋。人们询问卢梭，究竟什么样的生活才算是真正美好的生活呢？

卢梭在他的另一部作品《新爱洛依丝》中给出了答案：亲近自然、充满真情实感的生活，才是美好的生活。

《新爱洛依丝》是一部小说，里面描绘了几个年轻人追求纯真感情的动人故事。这部小说一经发表立刻成为畅销书，无数女性为卢梭对爱情的讴歌而倾倒。不过这本书真正的独特之处在于，它第一次在欧洲文学史上用大量篇幅动情地描绘大自然的美妙。

说来也有趣，其实西方人在很长时间之内都不太注重通过文学艺术来展现大自然。在近代的科学家眼中，大自然无非就是等待着被人主宰和利用的资源宝库。而卢梭却第一个站出来告诉大家，大自然的一草一木，不是科学家们所观察的研究对象，而是人类生活的真正家园。只有与山水融为一体，投入大自然的怀抱之中，人才能找到自己失落的天性。

卢梭的这些思想，成为后世浪漫主义运动的来源。浪漫主义悉心挖掘和探索人的情感世界，并且特别注重表现人与大自然的亲密关系。

讲到这里，卢梭的形象已经非常丰富了，不过这还不是完整的卢梭，因为在他看来，当今世界的堕落还不光只是由于文学与艺术的进步，以及人们对大自然的征服和掠夺，更是因为政治与教育的黑暗与腐败。

卢梭指出，尽管当时的欧洲已经在政治上取得了进步，但依然没有改变人压迫人的现象。那些底层的群众完全发不出自己的声音，并且被各种各样的达官贵人压制无声。要想建立一个健康而幸福的国家，就必须发动群众，让他们也有机会进入政治生活之中。要做到万人如一人，让人民群众真正当家做主，真正管理自己的国家。

卢梭把这些思想都写进了《社会契约论》一书中，这本书在后来成为法国大革命的重要思想来源。

有趣的是，尽管卢梭没有亲眼看到法国大革命的爆发，但却被奉为这场革命的思想导师。法国大革命的领袖之一罗伯斯庇尔，正是卢梭的狂热崇拜者。

法国大革命爆发于 1789 年，而卢梭在 1778 年就病逝了。在卢梭生命垂危之际，年轻的罗伯斯庇尔刚刚进入巴黎大学学习法学专业。

在大学期间，罗伯斯庇尔认真阅读了很多近代思想家的著作，其中最打动他的作家，就属卢梭了。尤其是卢梭的一句名言："人生而自由，却无往不在枷锁之中"，让罗伯斯庇尔佩服得五体投地。他决定亲自前去拜

◆ 卢梭在《社会契约论》开头有一句名言“人生而自由，却无往不在枷锁之中”

◆ 卢梭常常被认为是法国大革命思想的奠基者

访卢梭。

1778 年，就在卢梭生命中的最后时光里，罗伯斯庇尔终于在一处农庄中见到了他仰慕已久的偶像。那时的卢梭因为自己的思想不被世人接受，陷入深深的忧郁和绝望之中，这与热情四溢的罗伯斯庇尔形成了鲜明的对比。卢梭大概至死都不会想到，这个专程来拜访他的年轻人，以后会在法国掀起多么大的革命浪潮，而自己居然会成为这场革命的导师。

结束了对卢梭的短暂拜访之后，罗伯斯庇尔回到了巴黎。几年后他从巴黎大学毕业，并加入了著名的雅各宾俱乐部。从此他一发而不可收，一步步成为这个俱乐部的领导。

1791年，雅各宾派正式登上了历史舞台。在卢梭思想的指引下，罗伯斯庇尔冒天下之大不韪，猛烈批判国王、贵族和大资本家阶级，并接着在起义之后处死了当时的法国国王路易十六。

这场革命死伤惨重，而且内部斗争极为复杂。往往一派还没站稳脚跟，就被另外一派送上了断头台。在革命爆发后的第五年，罗伯斯庇尔就被逮捕，并立刻被处死，年仅36岁。尽管如此，法国大革命仍然把欧洲的历史彻底推向了一个新的阶段。传统政体岌岌可危，新的时代呼之欲出。

毫无疑问，罗伯斯庇尔是卢梭最忠实、最坚定的信徒。他继承了卢梭的思想与主张，认为人类可以通过革命来建立起理想的正义社会。一切传统的秩序、道德和价值，都在这场革命中灰飞烟灭。从此，法国从一个王国变成了延续至今的共和国。

这场革命不但在欧洲形成了巨大的影响，并且还成为北美洲、俄国与中国等地区的榜样和先驱。毫不夸张地说，法国大革命是人类近代历史的分水岭。而追根溯源上去，正是卢梭的思想指导了这场革命，并开启了西方历史的新纪元。

（雷思温）

世界是一个巨大的舞台：莎士比亚文学与巴赫音乐

说起西方文学，总有一个伟大的名字绕不过去，那就是英国的戏剧家莎士比亚。

毫不夸张地说，莎士比亚不但是西方文学的代名词，并且对世界其他地区的文学创作也产生了难以估量的深远影响。他笔下的一系列人物，如罗密欧、朱丽叶、哈姆雷特、李尔王等，都成为家喻户晓的伟大形象。

非常有意思的是，这些文学形象的创作者莎士比亚，直到如今都充满难解的谜团。莎士比亚的作品出版并取得巨大成功之后，不断有人怀疑作者的真实身份，有人认为这些伟大名著的作者其实并不是莎士比亚。这是为什么呢？

这就要从莎士比亚的生平说起。

事实上到今天，莎士比亚给我们留下的生平线索并不多。

1564 年，他出生于在英国埃文河畔的斯特拉福。没有太多证据表明他受过非常良好的文化教育。在经历结婚和生子等人生大事之后，莎士比

◆ 莎士比亚肖像及作品人物形象

亚进入剧团，从事戏剧工作。他和很多当时以戏剧为生的人一样，除了当演员之外，还写作了一大批成功的剧本。

莎士比亚 50 岁时，选择退休，回到了自己的故乡，于 1616 年去世。

从这个简要的生平介绍来看，让人无法想象莎士比亚何以能在如此平淡的一生中，写出几乎涵盖了人类生活所有方面的戏剧杰作与诗歌经典。无论是出身和教养，还是他在剧团里的工作，似乎都无法说明莎士比亚究竟是从哪里学到了那么丰富的文化知识，并利用它们为自己的创作服务。而且，莎士比亚对自己的创作并没有那么珍视，仿佛只是随手完成而已。

在退休之后，他也并未精心安排编辑出版自己的作品。这就是到今天还有一些学者努力寻找莎士比亚剧作真实作者的原因，他们怀疑这些伟大的作品根本不是莎士比亚写的。经历了很多年的苦苦探索，人们尽管提出了几位其他人选，但还是没有让人信服的证据，表明这些作品真的出自另一位作家之手。

其实莎士比亚能写出这些作品并不稀奇。尽管从外在的条件来说，莎士比亚显得太过寻常，但天才往往不按常理出牌。一个从未经历过战争的作家，并不妨碍他能绘声绘色地描绘战争的场面，同样，人生的平淡也不代表不能体味出深刻的人生哲理。

莎士比亚一生为后世留下 37 部戏剧、154 首十四行诗以及两首长叙事诗。总体来说，莎士比亚的作品特别鲜明地展现了文艺复兴时期的精神风貌，即不再把观察和思考的重点放在上帝和天国，而是悉心体察与描绘人间百态。

世界在他的眼中彻底成了一个巨大的舞台，舞台上面上演着各种各样的人生悲欢离合与爱恨情仇。莎士比亚的舞台如此之大，以至于他的作品

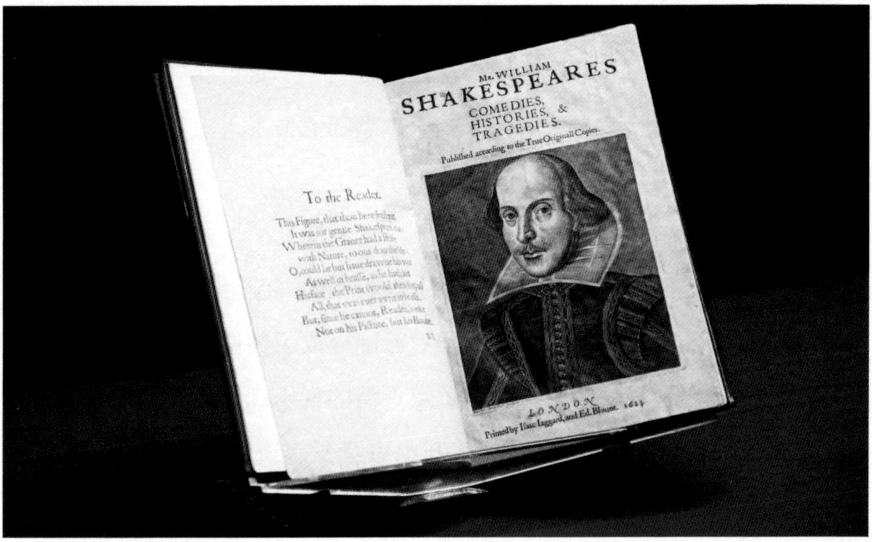

◆ 莎士比亚近 400 年前珍贵合集《第一对开本》

有时候读上去仿佛是好几个不同的人写作的。

具体来说，莎士比亚的戏剧作品可以分为悲剧、喜剧与历史剧三类。

在悲剧中，莎士比亚深情地描绘了大到一个帝国、小到一对恋人的不幸遭遇，并从中揭示出人类生活的真相。

在喜剧中，莎士比亚又仿佛变了个人，各种神话传说、插科打诨和各种俏皮话信手拈来，活灵活现地描绘了一个个让人啼笑皆非的场景。

而在历史剧中，莎士比亚又像是历史的审判官，完整地表现了英国历史的方方面面。甚至有人说，莎士比亚就是英国历史真正的塑造者。而他的那些十四行诗，有不少都成为歌颂爱情的经典之作。

如果说莎士比亚的文学创作，揭开了近代文学的宏大舞台，从而成为后世作家取之不尽、用之不竭的源泉，那么在音乐领域里能与之比肩的，只有德国作曲家巴赫。

如同莎士比亚在文学领域中的地位，巴赫是西方近代音乐的奠基人。很多西方古典音乐的基本乐理结构和作曲方式，都是巴赫一手奠定的。甚至有人认为，即便巴赫之后的西方音乐作品都消失了，人们仍然可以在巴赫的基础上把一切都重新建立起来。

1685 年，巴赫出生在德国中部的爱森纳赫。有趣的是，正是在这个地方，大名鼎鼎的马丁·路德把《圣经》翻译成了德语。巴赫的家庭是音乐世家，巴赫一生极为勤奋，留下了数不清的音乐杰作和艺术遗产。

可是令人意外的是，巴赫生前并没有享受过太大的荣誉。尽管莫扎特、贝多芬等人都称赞过他的作品，但巴赫并没有被人们当作一位重量级的经典作曲家。在 1750 年去世之后，巴赫不多久就被世人遗忘了，他的作品也并没有得到妥善保存。

那么巴赫又是如何重见天日的呢？这得感谢另一位著名音乐家门德尔松。

关于门德尔松发现巴赫的杰作，有一个传奇故事：据说有一天门德尔松和妻子出门逛街，来到一个猪肉铺，随手买了些香肠准备回去吃。可撕开包装纸的一瞬间，门德尔松惊呆了：这居然是一张乐谱！粗粗看过之后，门德尔松发现乐谱里所谱写的音乐极为精彩，便一个箭步跑回猪肉铺，把剩下的乐谱包装纸都买了下来。原来这就是巴赫的代表作《马太受难曲》。他随即整理了这些乐谱，并亲自担任指挥，演奏了这出杰作，从而让巴赫真正得到了世人的承认。

这个故事当然是后人虚构的。不过也确实能从中看出，巴赫在身后被人遗忘得有多彻底。事实上门德尔松能够发现巴赫的价值，并不是因为在逛街时偶然发现他的乐谱。

早在求学阶段，门德尔松就已经很熟悉巴赫的作品了。靠着出众的鉴

◆ 巴赫演奏的画面

赏水平和判断力，门德尔松认定巴赫是真正第一流的作曲家。于是经过精心准备，1829 年门德尔松在莱比锡指挥演出了《马太受难曲》，把这位被人遗忘的作曲家带回到了大众的视野。

自此之后，巴赫的影响如日中天，席卷了整个欧洲，并逐步被人们视为西方古典音乐的奠基人。

巴赫是一位极其虔诚的基督徒。尽管出生在音乐世家，但家里却不允许他翻阅那些收藏的乐谱。巴赫就在月光下偷偷把这些乐谱抄写下来，这导致双目视力受到很大的损害。

因为家境并不富裕，他后来时常步行很久前往汉堡观看音乐演出。巴赫一辈子无怨无悔，尽管从来没有获得很大的名气与地位，为了养活众多孩子，便路上时常捉襟见肘，但他却从没有放松过对音乐的执着。而这背后的力量就来自他对上帝的虔诚信仰。即便在晚年双目视力微弱无法执笔之际，他依然通过口授的方式坚持创作。

去世之前，他依然口授一曲赞美上帝的作品，可惜最终没有完成，而是停在一个戛然而止的小节中。

巴赫与莎士比亚之所以能够成为顶级的艺术家，并不在于他们的某部作品非常出色，或者作品数量有多庞大，而在于他们所呈现的是一个完整而宏大的精神世界。

在这个世界中，人们既可以发现潺潺的小溪，也能领略到宏阔的大海。他们的作品里虽然有大量传统素材，但他们却在此基础上创造出新的艺术世界。他们共同构成了西方近代文学艺术的真正起点。

直到今天，莎士比亚与巴赫依然是无法超越的艺术里程碑。

（雷思温）

德国文化的登场：康德哲学与浮士德的冒险

在欧洲的大国之中，德国是登场最晚的一个国家。

直到 17 世纪，德国都还没有实现国家统一。上百个不同地区散布各处，却始终不能真正联合起来。这就导致在欧洲主要国家里，德国的文化几乎是发展最缓慢、最落后的。

尽管德国贡献了一大批杰出的文化名人，但真正算起来，前后也不过只有 400 年的文化历史。

所谓“不鸣则已，一鸣惊人”。长期以来，德意志地区虽然远远落后于法国，但是一旦到了该登场的时候，德国文化就像闪电和暴风雨一样，很快占据了欧洲文明的制高点。

◆ 康德画像

18 世纪开始到 19 世纪上半叶，德国贡献了两位世界顶级的思想家和文学家，他们就是康德与歌德。从他们之后，德国

◆ 康德出生和生活所在地加里宁格勒

文化不但一举扭转了长期落后的局面，而且还把西方文化带向了全新的高度。

毫无疑问，康德是西方历史中最重要的思想家之一。甚至有人认为，整部近代的西方思想史，可以被划分为康德之前与康德之后两个时期。

可是这位大名鼎鼎的思想家的一生却是平平淡淡，毫无闪耀之处。在80多年的岁月中，康德始终过着淡泊而平静的生活，几乎从未离开过他所居住的小城。用今天的话说，康德是一位资深的宅男，这与他惊天动地的伟大思想形成了鲜明的对比。

1724年，康德出生在东普鲁士一个叫作柯尼斯堡的小城。他家境并不宽裕，而母亲又去世得很早，所以康德在很小的年纪就承担起家庭的重

任。此外他个头不高，身体也多病，这使康德养成了谨慎和规律的生活习惯。

在考入柯尼斯堡大学之后，康德又经历了父亲的去世。为生活所迫，无奈之下，康德没有继续深造，而是选择做家庭教师维持家里的生计。

很长一段时间，康德的名声并不大。他的社交圈很小，终生也没有结婚。从世俗的眼光看来，康德绝对算不上一位事业有成的人。可是就在这平淡到无趣的漫长岁月里，康德在57岁那年终于完成了自己的代表作《纯粹理性批判》，从而一跃成为欧洲顶级的思想家。

不过说起这本著作的诞生，还有一件有趣的往事。

由于康德的生活非常刻板、机械，所以时间长了邻居们都完全熟悉了他的生活节奏。从早晨起床，按时工作、用餐、散步一直到晚上入睡，康德每天都有条不紊地生活，从未打乱过日程表。

传说后来邻居们居然还把康德每日的外出散步作为自己确定时间的标准。这足以说明康德的生活是多么规律，甚至规律到如钟表一般精确。

然而有一天邻居们发现了一件怪事。每天都外出散步的康德，居然把自己锁在家里！这一下惊动了左邻右舍，大家都非常担心康德是否遇到了麻烦。不多会儿，人们来到康德家里，这才真相大白：原来康德在那里聚精会神地阅读卢梭的著作，以至完全忘记了时间。

康德后来深情地回忆到，在他年轻的时候，他孜孜不倦追求知识，探寻真理，充满了永不停歇的热情，因此经常看不起没有文化的普通人。正是卢梭把他从这种自恋的迷梦中唤醒，使他意识到如果一位思想家不能为所有人的幸福而奋斗，那么这样的思想家甚至还不如一名普通的劳动者。

康德的书房里悬挂着卢梭的画像。卢梭的著作与人格指引着康德，促使他为全人类的命运苦苦思考。

康德有一句脍炙人口的名言："在这个世界上，有两样东西值得我们仰望终生：一是我们头顶上璀璨的星空，二是人们心中高尚的道德。"头顶上的星空，指的是自然科学所研究的客观真理；而高尚的道德，甚至要比科学真理更值得人们珍重和追求。

在康德 1804 年去世之际，正是德国另外一位文化巨人歌德大放异彩的时候。歌德是德国当之无愧的最伟大的文学家。他的《少年维特之烦恼》《浮士德》都是西方文学史中屈指可数的经典之作。

1749 年，歌德出生在德国的法兰克福。歌德从小就流露出对文学的热爱，尤其是诗歌与戏剧。与此同时，他还深深陷入一段感情无法自拔，甚至萌生了自杀的念头。将他从死亡线上抢救回来的，不是别人，而是他自己所创作的小说《少年维特之烦恼》。

◆ 歌德《少年维特之烦恼》插图

1774 年，年仅 25 岁的歌德发表了这部书信体小说，里面描写了一位叫维特的年轻人，爱上了一位已经同他人订婚的姑娘。经过命运的起伏跌宕之后，维特还是未能如愿，以致最终举枪自杀。

这部小说的很多情节都取自歌德自己的真实经历。作品一经推出，立刻成为整个欧洲的畅销书，因为它不但细致描写了年轻人内心真实的情感世界，而且主人公最后自杀的结局，也完全不同于当时所流行的各种文学作品情节安排。

◆ 歌德画像

更有意思的是，这部小说不仅被人们所喜爱，而且还为很多年轻人所深深崇拜。他们模仿着小说里主人公的穿着打扮与言行举止，更有甚者，也学着主人公开枪自杀了。这足以证明歌德作品的深厚魅力。

尽管这部作品在一些城市里遭到了查禁，但远远无法阻挡世界各国的人们对它的热爱。就拿中文版本来说，这部小说的中译本至少有 20 种之多。

此后，歌德的文学创作一发不可收拾，最终写出了《浮士德》这部不朽的经典。

不过与康德不同的是，歌德除了文学之外，还拥有多方面的才华。除了在政治上担任过一些重要职务之外，歌德还是一名科学家。

他曾花费很多时间钻研生物学、物理学、矿物学等，其中最有影响的要属颜色学和光学研究了。歌德继承了卢梭的思想，他同样认为像笛卡儿、牛顿这样的哲学家与科学家，完全不能领略大自然的美好与温暖。他们用干巴巴的物理学抹杀了自然世界与人的亲密关系。因此歌德试图通过自己的科学研究，重新让自然焕发出五光十色与盎然生机。

值得一提的是，晚年的歌德对中国文学产生了浓厚的兴趣。尽管不懂中文，他还是阅读了很多当时翻译成欧洲语言的中国文学作品。随着阅读的深入，歌德认识到，全人类的语言尽管不同，但内在的情感与追求却总是相似的。

为此，歌德提出了著名的概念——世界文学。这就意味着，任何一个作家的创作，一方面是自己民族文化的结晶，另一方面还同时表达了全人类共同的情感与价值。在写完《浮士德》后不久，83 岁高龄的歌德于 1832 年溘然长逝，身后留下了多达 100 多卷的创作成果。

如果没有康德与歌德，德国文化就失去了自己精神上的“父亲”。可以说他们两人在不同的领域中，共同把德国这样一个曾经落后的国家，提升到了文化大国的位置。更难得的是，他们的视野从来没有局限在自己的国家之中，而是始终思考着全人类共同的命运与未来。

从这个意义上说，他们不仅是德国民族文化伟人，也是属于全人类的文化巨人。

（雷思温）

『上帝死了』：十九世纪末哲学和文学的撕裂

19 世纪是一个奇妙的世纪。

它既是一个旧的时代，很多过去的生活方式与价值观念还在西方世界流行；它同时也是一个新的时代，越来越多的思想家与艺术家敏锐捕捉到了新的文化气息。

19 世纪还是一个分裂的世纪。传统与未来，发生了不可调和的矛盾。如果一定要给这个新旧交替的时代一个口号，那毫无疑问就是德国思想家尼采的名言："上帝死了。"

对于绝大部分的西方人来说，上帝曾经是他们精神的依托，也是他们获得幸福的康庄大道。人活一生，总会遇到挫折与困难，但只要心中想到仁慈的上帝，无论多大的烦恼，似乎都可以给人带去安慰。更不用说在天堂里好人会永远幸福，而在地狱里坏人会永远痛苦。

可是随着自然科学的发展，人们透过望远镜仰望星空，却发现哪里都找不到上帝的踪影。人们对上帝的信仰正在慢慢动摇。

德国伟大的思想家尼采经过努力探索，抛弃了那个爱人类的上帝，并尽情对之批判。在他眼里，西方人所相信的上帝不过是一个自欺欺人的童话而已。

◆ 哲学家尼采

1844 年，尼采出生于普鲁士的萨克森州。早在少年时期，尼采就表现出了远远超出同龄人的智慧与天赋。在大学期间，他努力钻研古代的文化遗产，并在年仅 24 岁的时候就成为瑞士巴塞尔大学的教授。

按说尼采这么年轻就实现了许多莘莘学子的梦想，应该感到非常幸福才是。可尼采不这样觉得。他发现西方文化表面上看来日益繁荣发达，但实际上却一步步走入了衰败的境地。

1870 年，尼采出版了《悲剧的诞生》一书。在这本著作里，尼采提出了著名的“日神精神”和“酒神精神”学说。他大胆指出，人类的生活充满了荒诞与虚无，而上帝从来都没有真正存在过。可是人为了活下去，总要给自己一点理由，找一点借口，让自己的生活充满意义。而“酒神精神”倡导人们在迷狂和醉酒之中，在艺术的陶冶与熏染之中，找寻到生活下去的勇气与热情。

可惜这本著作太离经叛道。许多老师和同事都对尼采大失所望，批评他背叛了自己的学者身份，白白浪费了出众的才华。尼采对这些批评大不以为然。他认为如果学术研究不能带给人以生命的活力与希望，那这种学问不做也罢。

在 1879 年，煎熬多年的尼采终于向巴塞尔大学提出申请，辞去教职。从此，尼采进入了孤独的漫游时期。正是在这一时期，尼采佳作迭出，进入了创作的高峰期。

在尼采的众多作品里，最有名的恐怕要属《查拉图斯特拉如是说》了。尼采在书中浓墨重彩地提出“上帝死了”的口号，指出西方人不应该在对上帝的虚无信仰中浪费生命，而应该积极面对人生的真相。

由于尼采从小身体就不太健康，高强度的写作与思考过早地透支了他的生命。1889 年，尼采在意大利街头意外摔了一跤，患上了精神失常的绝症。虽然被立刻送往医院进行治疗，然而尼采的神智再也没有恢复过来。

1900 年，尼采在寂寞和孤独中撒手人寰。

尼采生前并没有引起人们太多的注意。他的思想如此超前，以至人们到了 20 世纪才追赶上他的步伐。在尼采逝世后的几十年间，他的思想地位越来越高，最终被人们看作西方思想史中数一数二的大哲学家。他的那句“上帝死了”，也不再只是一句疯话，而成为象征着 20 世纪人类精神解放的口号和标语。

今天的西方人不再像往日那般狂热地信仰上帝了，从这一点上来说，尼采正是新时代的先行者与预言家。

如果说尼采预见到了 20 世纪的信仰危机，那么卡夫卡则栩栩如生地揭示了现代人的生活真相。作为一名 20 世纪的作家，卡夫卡颠覆了整个西方文学传统。在他的笔下，现代人的生活充满了荒谬和压抑，就如同他自己的生活一样，处处是失败，处处是绝望。

1883 年，卡夫卡出生于一个犹太人家庭，后来进入捷克的布拉格大学学习。卡夫卡遵从父亲的愿望，毕业后在保险公司上班，但他却把自己的业余时间都奉献给了文学创作。

奇怪的是，他对于发表自己的作品并没有太大的兴趣和热情。尽管他在朋友圈里得到了高度评价，但绝大多数普通读者从没有读过，甚至也没有听说过他的作品。1924 年，41 岁的卡夫卡因重病离开了人世。更奇怪的是，他嘱咐自己的好朋友千万不要发表自己的遗稿，而要把他们全部烧掉，不留一丝痕迹。

◆ 卡夫卡雕像

在古今中外的文学史上，敢于这么做的人真是少之又少了。谁不希望自己的作品能流传千古，被人所永远铭记呢？幸运的是，卡夫卡的朋友没有听从他的遗言，而是把他的作品都整理出来予以发表，结果掀起了一场文学革命。可以说，卡夫卡之后的大作家们，几乎都受过他的影响。

为什么卡夫卡写出了这么多精彩的作品，却又想把它们付之一炬呢？

原因在于，卡夫卡所生活的时代，西方社会已经进入成熟的商业时代。繁忙的大街上四处都是来去匆匆的身影。而无论是政府还是公司，都充满了各种各样烦琐的行为规范与职业要求。人们尽管每天都忙于生活，但细细想来，生活的意义却变得非常模糊。

在传统的时代里，人们有家庭，有信仰，有上帝，一切都井井有条。而现代世界的人们却变成了可怜的动物，丧失了这些熟悉的家园，在上班和下班忙忙碌碌的生活中，疲于奔命。卡夫卡感到不但生活没有方向，而且认为自己的作品也失去了意义，没有发表的价值。

卡夫卡在他的小说《变形记》中就描绘了这样的场景：一个人早晨起来之后突然发现自己变成了甲虫，而屋外的家人们却又在催促着他赶紧起床出门。他不知所措，百口莫辩，完全不知道为什么自己变成了这个样子。

◆ 布拉格以卡夫卡命名的咖啡馆

而在《城堡》这部作品里，卡夫卡又描写了一位土地测量员，动身前往一座城堡进行测量工作。但无论如何努力，他都无法进入这座城堡，被永远地拒之门外。城堡里究竟有什么？谁都不知道。

这样离奇的故事在传统的文学作品里是很少出现的。卡夫卡用他冷峻的笔调描绘了一个又一个充满荒谬和绝望气息的故事。里面的主人公往往都有一些匪夷所思的遭遇，并且始终无法理解为什么自己的生活会变成一团糟。日常生活不再让每一个人感到熟悉和亲切，反而始终弥漫着说不清、道不明的离奇氛围。这就是卡夫卡眼中的现代世界与现代人。

尼采和卡夫卡都出生于 19 世纪，是站在新时代前沿的文化大家。他们的作品和思想不被同时代人所理解，却都预示了新时代、新观念的到来。西方历史正在逐步向过去告别，开始走入光怪陆离、甚至四分五裂的 20 世纪。

（雷思温）

“我思故我在”：笛卡儿与培根的哲学与科学

我们前面讲到了文艺复兴、宗教改革，还有群星闪耀的西方近代文学，这些都不足以描述在近代世界产生巨大影响力的西方文明的历史。

近现代西方文明能确立世界主导地位，以至改变全球命运，还离不开数学和自然科学的发展。而为数学和自然科学奠定基础的，就是本章要讲到的两位思想巨人——法国哲学家笛卡儿与英国哲学家培根。

这两位我们都很熟悉，笛卡儿有句名言“我思故我在”，培根也说过一句同样有力量的话，“知识就是力量”。但他们的成就远不是这些名言能概括的，甚至今天你还能感受到他们的影响。

在笛卡儿之前，代数与几何是两门不同的学科：一个研究数字，另一个研究平面与立体的图形。而笛卡儿巧妙地把两者结合起来，创立了解析几何。解析几何也成了高中数学中最重要的一个板块，现在高中生最熟悉的坐标系也叫作笛卡儿坐标系。

不但如此，笛卡儿还是一名天文学家、物理学家和生理学家，他在这

◆ 笛卡儿的安息之所——圣日耳曼德佩修道院

些自然科学领域之内都做出过重要的贡献。

不过，笛卡儿的第一身份是一位哲学家。在从事数学与自然科学研究中，笛卡儿发现具体的数学与科学研究，要建立在哲学世界观的基础上。在长期的思考之后，他提出了“我思故我在”的哲学观点，并将之树立为自己整个思想的基石。

笛卡儿为什么能够发现哲学与科学的新世界呢，这得从他的出身讲起。

笛卡儿出生在法国，是个早产儿，他先天不足，能活下来基本就是个奇迹。因为身体很弱，笛卡儿得到了早自习和晚自习的豁免权，于是他一天中大多数的时间都是在床上度过的。

温暖舒适的床，让他滋生出无数灵感。比如我们前面提到的几何坐标

◆ 笛卡儿访问斯德哥尔摩

系，就是他躺在床上，一抬头看到屋顶墙角蜘蛛在织网，受启发创立的；再比如说他躺在床上太久了，一会儿做梦一会儿清醒，似梦非梦，似虚还实。那么怎样区别梦境还是现实？于是他又提出了大家耳熟能详的“我思故我在”。

为了证明自己的观点，笛卡儿曾在代表作《第一哲学沉思集》中做了一个惊世骇俗的思想实验，史称“普遍怀疑”，也就是对一切习以为常的东西进行釜底抽薪的怀疑与批判。

他首先认为，你怎么能证明你痛的那一下是被针扎了，他甚至怀疑我们的身体也是虚假的，也许自己其实是一个疯子，赤身裸体却还以为自己穿金戴银。不但如此，笛卡儿甚至认为，我们根本分不清梦境与现实。也许我们在一个美妙的梦中长睡不醒，而却错误地把梦中的世界当作现实世界。这倒是与中国的“庄周梦蝶”有共通之处。

为了把怀疑推向极致，笛卡儿还提出，也许世界上有一个能力超强的恶魔，他始终在欺骗我们，让我们沉浸在幻觉的世界无法自拔。

你可能会说笛卡儿疯了吧，自己是不是被针扎了都不知道？今天人工智能 (AI) 技术可能正在证明笛卡儿的怀疑，试过 AI 头盔后，我想，也许很快我们就分不清真实和虚拟之间的区别了。

那么，究竟有什么是真实存在，我们无法怀疑的呢？笛卡儿发现，我们所不能怀疑的是“我们的怀疑”。意思就是：我们无法去怀疑的，是我们正在“怀疑”这件事时的“怀疑本身”，也就是原来我们在怀疑的心灵。

如果说笛卡儿是通过自己的半梦半醒为哲学与自然科学研究奠定了基础，那么来自英国的培根就没这么神神叨叨了。

培根从不认为我们需要在梦中获得什么真知灼见，也不需要对世界疑神疑鬼。相反，培根始终坚持，科学研究应该以实验为基础，通过日积月累的观察与归纳，而逐步发现世界的真理。

1561 年，培根出生于伦敦的一个贵族家庭。与笛卡儿终生漂泊各地、独自一人从事哲学思考不同，培根早年并没有把所有精力都放在读书和思考上。由于培根的家庭在英国有一定的声名，培根很顺利地进入政府工作，并在其中担任过重要的职务。他是在业余时间从事科学研究。

1618年，培根当上了大法官，一时出尽了风头。但是他却在一次案件的审理过程中，接受了他人的礼物。

“一点心意，没别的意思，您就收下吧。”

这次不检点的行为，彻底改变了培根的命运。培根的政敌就此抓住把柄，向政府控告培根有严重的贪污问题。

◆ 培根画像

无奈之下，培根接受了法律的制裁，被关在恐怖的伦敦塔中，还被处以极高的罚款。后来国王网开一面，免除了培根的罚款，并释放了他，但这个污点无论如何也无法抹去，他的政治生涯也就此结束了。培根痛定思痛，决定再也不关心政治，从而开始心无旁骛地进行自己的研究工作。

与笛卡儿相同的是，在他的代表作《新工具》中，培根也对传统的学问进行了釜底抽薪的批判，认为这些学问充满了形形色色的荒谬与错误。

培根尤其重视具体的科学实验，在这一点上，他显示出与笛卡儿的巨大分歧。他认为，我们不该坐而论道去寻找宇宙的终极规律，而应该脚踏实地，从收集而来的实验数据和材料中进行总结与观察，并从这些具体的观察和实验中归纳总结出规律和得出结论。这就是归纳法。

与归纳法相反的是演绎法。演绎法认为，我们首先应该确立一些作为前提的结论，再从它们中一步一步演绎出其他结论。

培根终其一生，都为自然科学的发展摇旗呐喊。也许培根在数学与自然科学上的成就没有笛卡儿大，但他却通过归纳法而为后世的科学实验方法奠定了基础。

复杂的哲学和自然科学问题没有难倒培根和笛卡儿这两位思想巨人，寒冷却摧垮了他们。

1626 年培根因为在寒冷的天气中进行科学实验，染上重病，撒手人寰。

24 年后的一个清晨，患上肺炎的笛卡儿躺在床上挣扎着坐起来，刚说了句“该起床给女王讲课了”，就又倒下了。然后，他呢喃着说完了此生最后一句话：“灵魂该上路了。”

可以说，没有自然科学的发展，就没有近代西方文明的发展。如果把自然科学比作一种探究和改造世界的工具的话，那么哲学就是使用这种工具的方法。用不同的方法使用工具自然会产生不同的效果。笛卡儿和培根的哲学观支配他们在科学领域开拓并取得了不同的成果。

而日后还会有更多不同的哲学与科学流派出现，正是愈加多样的哲学与科学，共同造就了我们所生活的现代社会。

（雷思温）

陌生的自我：探索个人与集体的潜意识

前面讲述过近现代科学技术，从宏观世界的宇宙到微观世界的粒子，外在世界广阔无垠，其实我们的内心世界更是汪洋一片。

这个世界上最复杂最有趣的其实是人类自身，尤其是人类的心理世界。对人类内心世界进行挖掘和探索的学科，被称为心理学。

在心理学众多分支中，名气最大且贡献最多的是精神分析学派，这是由奥地利精神分析学家弗洛伊德和他的后继者荣格所开创的。

弗洛伊德最有名的学说莫过于“潜意识”理论了。

1856 年，弗洛伊德出生于奥地利，后来他进入维也纳大学医学院学习并获博士学位。毕业之后，他没有从事纯粹的学术研究，而是成为一名医生。在医院工作了几年，他发现传统的医学根本无法解答人为什么会出现各种各样的精神症状的问题。于是他从医院辞职，开办了自己的私人诊所，从事精神疾病的治疗。

在与患者的长期接触与诊断中，他一步一步发现了人类内心世界隐藏的奥秘。并于1900年出版了《梦的解析》一书。

◆ 奥地利心理学家弗洛伊德

在弗洛伊德看来，人们脑子里平时闪现的各种各样的念头，比如我知道自己肚子饿了，感受到天气冷了，意识到我和一位同学闹了别扭等，都只不过是我们内心世界的冰山一角。在这些意识的背后还有大量奔腾不息的潜在水下的意识。我们平时的一言一行表面上看起来都有一套道理在支持，有一些理由在辩护。但其实这些道理都不是我们真正的动机。

在弗洛伊德的笔下，人的内心世界永远充满着躁动不安的欲求。每个人看似平淡的生活中，其实都有很多欲望没能得到满足。人们把这些未曾得到满足的欲望悄悄地压抑在自己的心里，不让它们干扰日常生活。

那为什么人们心中会不断闪现出各种各样的想法和念头？在弗洛伊德看来，这多半要追溯到我们的婴幼儿时期和童年时期。

除了人清醒时候的各种意识，人在梦中也会有各种潜意识涌动。

所谓日有所思夜有所梦，弗洛伊德认为每个人做的梦，看起来荒诞不经，实际上都是我们压抑的内心表现出来的释放。只不过我们太习惯于压抑自己、伪装自己了，以至于我们的梦也经过了伪装和改造。弗洛伊德结合很多临床病例，详细地分析了一些病人的梦。他发现这些梦的背后，其实隐藏着这些病人从童年以来遭受的各种各样的痛苦和不愉快。

弗洛伊德讲述过病人少女朵拉的故事，它展现了一个人童年和青少年的际遇及压抑的欲望，如何影响她的意识和行为。

◆ 2010 年，伦敦精神分析艺术展的作品

朵拉是一位精神病患者，她有呼吸困难、咳嗽等症状。这些症状愈演愈烈，最后发展为歇斯底里症，朵拉甚至试图通过自杀来了结自己的痛苦。朵拉的父亲就带她来到弗洛伊德这里寻求治疗。

经过细致的分析与交谈，弗洛伊德发现朵拉之所以有歇斯底里症乃至产生自杀的念头，并不是因为朵拉的身体出了问题，而是因为她的邻居 K 先生对她有过性骚扰行为，最后发展到向她求爱。当然单是这一个因素可能还不足以让朵拉的精神出现严重问题。

故事还有第二个层面。原来这位 K 先生的妻子 K 太太，是朵拉父亲长期婚外恋的情人。悲剧的是，在 K 先生向朵拉求爱并被拒绝后，K 先生反过来四处污蔑朵拉，说自己向她表白的事情完全是朵拉自己幻想出来的，这使朵拉遭到很多旁人的冷眼。

外部的因素对内心的潜意识产生了作用，就发生在第三个层面的故事。经过交谈，弗洛伊德发现朵拉内心潜意识里的世界是这样的：朵拉极其仇恨父亲和 K 太太之间的出轨行为，她认为，K 先生对自己表白并且求婚，其实是自己的父亲默许甚至鼓励的。在朵拉的潜意识里，她的父亲一直想给 K 先生一些补偿，以使 K 先生能够默许自己一直同他的太太通奸，而自己就是父亲送给 K 先生的补偿。这是故事的第三个层面。

◆ 1908 年，弗洛伊德、霍尔、荣格等在克拉克大学的合影

更重要的是，弗洛伊德惊愕地发现，朵拉对自己父亲的种种指责，更像是一位妻子对丈夫的指责。朵拉长期缺少母爱的关怀，以至在潜意识里逐步把父亲当成了自己的丈夫。这类似于恋父情结。这是故事的第四个层面。

这些还没完，还有第五个层面。与此同时，朵拉发现，她其实深深地爱着 K 先生。正是对父亲扭曲的爱与恨，和对 K 先生不同寻常的感情，使朵拉的内心世界逐步崩溃。而 K 先生对她的污蔑，被朵拉幻想成在 K 太太的指导下进行的。朵拉觉得，K 太太其实知道朵拉内心这些隐秘的欲望。种种爱恨交织的情绪，加上深深的屈辱感，使得朵拉走向了自杀的边缘。

而这一切与事实不符的猜想与解读，都是朵拉在潜意识中不知不觉地积累起来的。

弗洛伊德通过这个故事告诉人们，其实我们一点儿也不了解自己的内心世界，里面隐藏着太多的秘密和欲望，就像黑洞一般深不可测。

1939 年，弗洛伊德在伦敦去世后，精神分析这一脉，就由他的弟子荣格接棒。如果说弗洛伊德主要研究被压抑的本能与幼年时期的经历对人的影响，那么荣格则更广泛地从社会、历史、文化的角度来揭示人格形成的原因。

1907 年，荣格与弗洛伊德两人正式见面，从此开始了长期的合作关系。但越深入研究，荣格越发现弗洛伊德的学说其实有很多不足之处，于是便自立门户，发展出自己的一套精神分析学说。

与弗洛伊德相同的是，荣格也极为关注人内心深处的潜意识世界，只不过他在此基础上还发展出一套“集体潜意识”学说。

在荣格看来，弗洛伊德的研究人过于重视个人的私人经历，而实际上我们每个人的内心世界还受到集体的影响，比如家族、文化、宗教等的影响。人们在世世代代的生活中，已经在大脑深处形成了各种各样的集体潜意识，它们最终变成了我们自己都无法意识到的本能。

比如一位生长在基督教信仰家庭中的孩子，会时常把生活中的各种遭遇下意识地理解成上帝的计划与安排。而出生在佛教文化传统中的人，则会容易在潜意识里按照因果报应的思想来应对自己的命运。不同文化传统中的人，面对同样的遭遇，各自下意识的反应和理解会深深受到自己所属文化的影响，这就是所谓的集体潜意识。

为了寻找精神治疗的方法，荣格开始广泛地接触东方文化。其中最吸引荣格的就是佛教。他发现，佛教的修行方法与自己的很多想法不谋而合。但荣格不是一个真正的佛教徒，或者说他不是任何一个宗教信徒，他只是借鉴佛教的思想，来帮助人治疗心灵中的各种症状和痛苦，实现内心的平和与宁静。

◆ 瑞士心理学家荣格

荣格自己也经历过巨大的精神危机。为了治疗自己的病症，他迷上了佛教中的曼陀罗绘画。

曼陀罗绘画的结构很有特点，旋转的形状，一圈又一圈围绕着中心点不断地旋转。据说有一段时间，荣格每天早晨醒来都要画一幅曼陀罗绘画。在画画的过程中，荣格不断地重新认识自己、发现自己，逐步从精神危机中康复了。然而有趣的是，荣格自己也不知道为什么曼陀罗绘画会有这种疗效。

在其他心理学家的分析中，人们找到了答案：原来当时的荣格正处于紊乱、焦虑和抑郁的状态中。而曼陀罗绘画这种逐步旋转并朝向中心的结构，不断给予荣格内心平衡感，暗示他把零乱、复杂的内心世界进行规整、排序，最终形成平衡有序的内心世界。

此外，荣格对印度文化、中国的道教文化、日本文化都有所研究。从这个意义上说，荣格的视野要比弗洛伊德更为宽广。

如果说弗洛伊德像劈开黑暗和混沌的那道闪电，深刻、犀利，让人感到不寒而栗；那么荣格，就像广袤银河中最闪亮的一颗星，充满了神秘色彩，同时又饱含着无穷的希望。

在看似波澜不惊的日常生活中，每一个人其实都有着丰富的内心世界，而我们的性格、人格、情绪、思想究竟从何而来，往往我们自己也并不清楚。而弗洛伊德和荣格给我们打开了这扇神秘的大门。

正如荣格所说：那些你没有察觉的东西，就会变成你的“命运”。

（雷思温）

『存在先于本质』：新一代的虚无和反抗

经过两次世界大战的洗礼之后，西方文明受到巨大冲击，不少人发出“文明的灯光在欧洲熄灭”的喟叹。

西方社会开始陷入集体大反思：是什么原因导致本来无冤无仇的人们，在 20 多年内进行两次大规模互相残杀的战争？战后满目疮痍的世界需要重建，人们饱受苦难的心灵更需要治愈，需要新的思想来引领方向，让生活回到正轨。

哲学、文学和艺术都在酝酿着一场革命。存在主义思潮深刻地把握到这个时代人们内心的惶恐与迷惘，进行着积极的探索和突破。

存在主义最为人熟知的是法国的两位思想家与文学家：萨特与加缪。他们不但是志同道合的思想战友，在哲学思想上都有独特的建树，并且都曾因为文学创作的杰出成就而获得诺贝尔文学奖。

萨特可以称得上“二战”之后引领青年一代的思想导师。

1905 年，萨特出生于法国巴黎一个书香门第，从小就在哲学和文学上天赋超人，并顺利进入巴黎高等师范学校学习哲学。

“二战”期间，他曾被关押进战俘营。他的经典名著《存在与虚无》就是在战争岁月里极为艰苦的条件下写成的。除了思考哲学问题，他还写过一系列轰动一时的小说与戏剧，获得了1964年的诺贝尔文学奖。萨特一生都极为关注现实政治，晚年更是明确支持学生运动，是法国乃至整个欧洲文化界与政坛的风云人物。

◆ 1921年，16岁的让－保罗·萨特

萨特最为人熟知的一句话是“存在先于本质”。

什么意思呢，你是谁，从来都没有标准答案。你总是想活着，先存在着，然后在自由中不断探索新的可能性、新的本质，活出自己想要的人生。

你的一生究竟该如何度过，完全取决于你自己的每一个选择。萨特号召人们勇敢地肩负起自己独立塑造人生道路的重任，充满勇气地生活下去。这一思想迎合了“二战”结束后迷茫的西方人，因而受到极大追捧。

萨特也的确身体力行地实践着自己的哲学思想。早在求学阶段，他就与一生的伴侣波伏娃相识了。他们迅速坠入爱河，并相伴终生。有趣的是，他们俩从来都没有结婚，因为他们认为人的自由是最宝贵的精神财富，而婚姻会让人失去自由。两个人因此签订了情感协议。协议确立了双方的恋人关系，同时也规定双方互不干涉对方的生活。

◆ 1968 年，法国哲学家让 - 保罗 · 萨特在巴黎出席新闻发布会

萨特的特立独行还不止于此。获得诺贝尔文学奖之后，他拒绝去现场领奖，最后果真没有出席颁奖典礼。他宣称文学这一崇高的职业是自由的，任何评奖都是对文学的亵渎。

为了将自由生活的理想贯彻到底，萨特一直拒绝把自己局限在哲学、文学这些专业范围内。除了积极参与政治活动之外，他还创办杂志，坚持评论新闻时事。甚至到晚年失明的时候，萨特也没有停止过对理想的追求。他用谈话录音的方式，坚持记录自己的思想，从不懈怠。

相比萨特，他的好朋友加缪的一生则显得荒诞而虚无。

与萨特这种出身文化家庭的知识精英不同，加缪于 1913 年出生于北非的阿尔及利亚，由做佣人的母亲独自抚养长大。

他从小就饱尝人世艰辛，年轻时还曾身患重病。除了研究哲学之外，他还积极投入文学界的活动。后来去了巴黎，开始发表一系列重要的著作。哲学方面有《西西弗斯的神话》，小说则有《局外人》和《鼠疫》。

1957 年，他荣获诺贝尔文学奖。在获奖三年后，也就是 1960 年，加缪搭朋友的顺风车从普罗旺斯去巴黎，途中发生车祸，坐在副驾驶位置上的加缪当场死亡，年仅 47 岁。

令人匪夷所思的是，那辆车当时行驶在一条安全的公路上，而且天气晴朗，公路上也没有其他车辆。直到今天，人们依然在猜测，加缪的这场车祸背后或许隐藏着巨大的阴谋。加缪去世之时，刚买下了一套属于自己的住房，成立了自己的剧团，准备迎接事业的新开端和新高峰，却因为荒诞的车祸而离开了人世，说来颇令人惋惜。

这种荒诞的色彩伴随着加缪的一生。

在加缪出生后的第二年，他的父亲就在第一次世界大战中丧生了。加缪一生都未曾真正与父亲在一起亲密接触过。当他长大成人之后，才有机会第一次探望父亲的坟墓。然而那时加缪已经年过四十，墓碑上父亲的年龄却是 29 岁，这让立在墓碑前的他深觉生命的荒诞与无常。

在他生命的晚年，阿尔及利亚与法国爆发了战争。阿尔及利亚是他出生的祖国，是他众多亲人的故乡，他理应声援阿尔及利亚，反抗法国的侵略。但是，他又是法国人的后裔，并且在法国工作生活，所以无法站出来反对法国。

由于他巨大的号召力和影响力，这两个国家都希望加缪能站在自己这一边。这让加缪感到无所适从。而恰恰就在这个时候，他被授予了诺贝尔文学奖，这不但没有让加缪感到喜悦，反而使他陷入更加两难的境地。他试图提出停战协商的方案，却被双方同时拒绝。

加缪就是带着这些尴尬与荒谬离开了人世。

◆ 1948 年，在巴黎上演舞台剧《戒严》，加缪（右）与演员在后台

他和萨特一样，也认为人生没有什么既定的规划与任务，也没有千篇一律的人生道路，人生而自由。相比萨特，他更注重揭示人生在世的荒诞感，以及人对这种荒诞感的超越与征服。不过命运似乎总在跟他开玩笑，从他的生平故事里，我们可以体味到他悲欣交集的一生。

加缪的人生也是他的哲学思想的最好表达。在他看来，人世间的一切都充满了荒诞。人活一世，就像是神话里的西西弗斯一样，不停地把石头推向山顶。石头滚落下来，再继续推上去，如此反反复复，没有尽头。而人生就是在这种不停的劳作中，通过自己的努力来对抗荒诞。

作为"二战"后法国最耀眼的两颗文化巨星，萨特和加缪都曾放射出璀璨的光芒。

与传统的西方文明不同，他们不再为遭受战争摧残的欧洲编织美妙的谎言，而是勇敢直面这个虚无、荒诞而自由的世界。他们也没有停留在揭示世界真相的境地，而是积极探索生命的各种可能性，以摆脱这种消极而悲观的人生处境。

从这个意义上说，“二战”毁灭了传统的世界，正是有了他们这样的思考者，新的世界才敞开了大门。

（雷思温）

拯救大危机的『经济学家』：米老鼠动画

本章讲一只老鼠的故事。

"什么，文明史里面讲一只老鼠，你疯了？"

"闭嘴，他说的是米老鼠。"

米老鼠可以说是陪伴了几代人的成长，从 1928 年诞生至今，它已经 90 多岁"高龄"了，直到今天依然能给迪士尼带来每年 60 亿美元的收入。它不仅仅局限于卡通片，更是当今时尚界的宠儿，在古驰、路易威登（LV）这样的大牌里都随处可见米奇活跃的身影。

那么，这样一只活泼可爱的小老鼠到底是怎么蹦到我们普通大众的视野里的呢？

说起它的诞生，还和前面讲到的美国经济大危机有着不解之缘。

据说，在大萧条时期，有一对年轻的夫妇双双失业而穷困潦倒，由于付不起房租，被房东赶了出来。眼看就要入夜了，他们来到公园的长椅上，准备枕着他们唯一的行李箱先挨过这一晚。

◆ 2021 年 10 月 7 日，上海迪士尼乐园，米奇、米妮提前换上了万圣节新装

然而，就在他们打开行李箱，准备拿出些破衣服盖在身上以抵御夜晚的冷风时，箱子里忽然伸出了一个可爱的小脑袋，那是他们平时当宠物养的一只小老鼠！这只小老鼠趁他们不备，偷偷溜进了行李箱里要和他们一起流浪。

看着这只可爱的小老鼠，原本愁云惨淡的夫妻心里暖了起来。他们想：在大萧条这样的环境下，像我们这样穷困潦倒的人一定为数不少，不如让所有和我们一样的可怜人都来看看这只可爱的小老鼠，让他们心情好一点儿吧。不久之后，他们就创造了米老鼠这个卡通形象。

当然，这个故事并不是真的，而是“米老鼠之父”沃尔特·迪士尼在大萧条时期，为了鼓励意志消沉的人们而杜撰的。

不过有一点是真的，那就是米老鼠这个形象在大萧条时期安慰并鼓舞了很多人，帮助他们挺过危机、奋勇向前。甚至，还使一些濒临倒闭的企业起死回生。你可能会疑惑：一个卡通形象真的有这么神奇吗?

早在 1923 年，沃尔特就开始了创作米老鼠的前期准备工作。1928 年 5 月，他以首位飞越大西洋的美国飞行员林德伯格的故事为蓝本，创作了以米老鼠为主角的首部动画片《疯狂的飞机》。这是一部默片，然而这部片子在当时并没有赢得太多的关注。

但是沃尔特并没有灰心，他在第二部《骑快马的高卓人》中，不仅沿用了《疯狂的飞机》中在搞笑桥段放音乐的做法，还尝试加入了马匹的配音效果，可是“笑果”依然不太理想。

沃尔特没有被困难打倒，几经周折，以米老鼠为故事主角，且声画同步、全程配音的动画短片《威利号汽船》于 1928 年 11 月 28 日在纽约首映。作为第一部公映的有声动画片，虽然片长只有 8 分钟，但是聪明机智、风趣幽默、乐观随和又有女人缘的米奇形象，一瞬间就抓住了观众们的心。以致在整个 1929 年里，米老鼠一共拍摄了 30 部短片，且场场爆满。

为什么米老鼠的动画形象如此受人欢迎?这和美国当时的经济形势有着极大的关系。

1929 年 10 月 24 日，纽约华尔街证券交易所突然传来噩耗，“黑色星期四”拉开了 1929—1933 年经济危机的序幕，大萧条时期到来了。然而，人们开始疯狂抛售股票只是个开始，股灾在使很多消费者破产的同时，也毁灭了所有投资者的信心。一系列恶性循环式的连锁反应犹如多米诺骨牌一般倾泻而来：股票抛售、疯狂出兑、银行倒闭、工厂关门、工人失业……因为吸引不来投资，企业经理人破产的破产，自杀的自杀。

那一年，当你随意走进纽约的一个旅店时，你都能听到前台小姐类似于“先生，您开房间是要住宿还是要跳楼”的“问候”。悲观、绝望的气氛笼罩了全国。

不过，万幸的是电影院的票价还是15美分——一个连乞丐都能承受得起的价格。

那时，人们除了将这15美分花在这里博自己一笑，好像就没有什么其他开心的事情了。

然而，与外界的阴霾天不同，这一时期，米老鼠的短片开始逐渐由单一的黑白动画过渡到彩色动画。影片中那只戴着白色手套、穿着黄色鞋子、遇事机智果敢、性格乐观顽强的黑皮老鼠，仿佛就在不远的地方时刻鼓舞着这些勉强度日的人们，不要放弃对生活的希望。

见米老鼠如此受欢迎，一些在大危机中濒临破产的企业仿佛看到了起死回生的希望。据说，当时有一家即将倒闭的毛衣加工厂，在他们想方设法联系到沃尔特·迪士尼后，便用收购原料剩下的最后一笔钱买下了米老鼠的商标授权，着手生产印有米老鼠肖像的毛衣，工厂竟然奇迹般地起死回生了。甚至每年售出100万件米老鼠毛衣，不仅扭亏为盈，甚至在大危机的背景下仍然赚到不少钱。而另一家生产米老鼠手表的工厂，更是让他们难以置信地在一年中就卖出200万只手表。

就这样，米老鼠的身影不再被死死地定格在荧幕里，它从电影院的大屏幕中跳到了人们的身边。男人们戴着“米奇喜欢米妮”的领带找到了新工作；女人们拿着印有米奇头像的钱包去买菜……那时候，幽默的美国人纷纷称这只在绝望中拯救了无数企业和普通人的米老鼠，为那个时代最著名的“经济学家”。

◆ 上海迪士尼乐园的唐老鸭

他们甚至还调侃米奇的形象——“在经济危机时，是只瘦老鼠；现在经济好转了，是微胖老鼠。”

由于米老鼠的人气爆棚，沃尔特·迪士尼开始在片子里加入更多有趣的角色，唐老鸭就是其中之一。

只是，比起米老鼠的乐观开朗，影片中的唐老鸭固执倔强、脾气暴躁、缺乏耐心，还喜欢夸夸其谈，经常抱怨。据说，唐老鸭这个角色的原型，很有可能就是大危机时的美国总统——赫伯特·胡佛。

这位总统由于对大危机的处置不力，在当时遭到美国民众的各种嘲笑。据说，人们把那些无家可归的贫民们用破铁皮、纸壳箱、废布料搭起来的棚户区叫作“胡佛村”；将睡在公园的流浪者们盖在身上保暖的废报纸叫作“胡佛毯”；人们买不起汽油，为了出行不得已将车头锯掉，在前面套上几只瘦骡子拉着走，并把这种车称作“胡佛车”。更有甚者，把“胡佛总统”（President Hoover）叫作“饥饿总统”（President Hunger）；把“胡佛大坝”（Hoover Dam）叫作“胡佛烦人”（Hoover Damn），搞得后来这个大坝被迫根据它所在的顽石峡谷，改名为“顽石大坝”。

其实这位胡佛总统也不是个一无是处的无能之辈，他只是像唐老鸭一样——比较倒霉，又恰好比较固执而已。

胡佛当选总统时，曾承诺要让“每一个美国家庭的锅里都有一只嫩鸡”，还要让美国比其他国家更早地战胜贫困。但是，刚刚夸下海口的他并未想到，在他上任不满一年时，大危机就来了。

危机刚开始时，胡佛总统一面极力渲染乐观的气氛稳定人心，一面劝说金融界、企业界领袖以“自愿原则”维持生产规模和工资水平。他对大家要求联邦政府干预经济的建议不闻不问，结果一年多下来，由于他固执坚守自由放任原则，群众对他的不满情绪愈演愈烈，终于在 1932 年酿成了华盛顿血腥镇压退伍军人请愿的事件，这成为胡佛总统在任期间最大的污点。

最后，这位“唐老鸭”总统，便在民众的嘲讽声中连任失败，黯然下台。

与“唐老鸭”胡佛总统不同，米老鼠诞生于大萧条前，成就于大萧条

◆ 时年 77 岁的美国第 31 任总统胡佛

中。它自诞生以来就与美国精神紧密地联系在一起。“二战”期间，米老鼠和唐老鸭也常出现在各种政府的宣传海报中，影响力不断扩大，后来随着好莱坞而风靡全世界。

作为一个跨越近一个世纪的经典 IP 形象，米奇在创新的路上永不止步。如今，迪士尼已经从动画制作公司一跃转型成为一个集电影、电视、乐园、衍生品、游戏、音乐及出版等于一体的娱乐行业巨头。米奇也有了更多的朋友，从电影到电视，从图书到杂志，从电子游戏到网络游戏，从吃的到用的，从物质占有到精神影响。

迪士尼早已经渗透到人们的精神世界中了。

（韩毅）

文明的故事

舌尖上的世界

THE
STORY
of
CIVILIZATION

食物起源与文明反思：豆腐到底是怎么来的？

有人说一个国家的命运取决于这个国家吃什么食物，食物在市场上就是货币，在战场上就是武器。

从茹毛饮血到饕餮盛宴，贵族阶级因为食物剩余而出现。兵马未动，粮草先行，亚历山大大帝纵横沙场是因为食物供给出色。中国人重味觉，孔夫子的一句“食色性也”，道尽了古往今来多少事。

人类学和全球史都揭示，食物进化的历史也是人类进步的历史。食物给历史烙上了鲜明的印记，才促使历史的味道千变万化。如果我们不了解“食物”的背后又何谈了解历史呢？

中华传统美食源远流长，其中最有特点的食物之一就是豆腐。豆腐不仅在国内是家常便饭，在整个东亚地区也是家喻户晓。它也是我最爱吃的食物。

所以当要给大家讲一种食物是如何摆上人类餐桌的时候，就首先就想到了豆腐。种类万千而做法各异的豆腐究竟是怎么发明出来的呢？

目前流行最广的说法是，在汉尼拔大战罗马军团的时候，东亚大地西汉淮南王刘安闲来无事发明了豆腐。今天如果你去安徽淮南旅游，走到千年古城寿县（古称寿春）就会发现这里人自称本地是豆腐之乡。这里几乎每家饭馆都做豆腐宴，甚至还用豆腐做饺子皮儿包饺子，工艺精致。

◆ 淮南王刘安读竹简雕塑

西汉武帝时期，淮南王刘安精研炼金术，整天梦想炼成仙丹，得道升仙。但是苦于一直找不到合适的人和办法。

传说有一日，突见八位白眉老人前来拜访刘安，言及可以帮助他修炼仙丹。得到高人相助后，仙丹不日而成。按今天的科学解释，这个大哥应该是长期服用富含重金属的丹药神经中毒出现幻觉而已。

刘安服用丹药后升仙。不仅如此，炼丹炉里面药渣散落一地，鸡犬食之，尽数升仙。我怀疑所谓服用后升仙其实就是服用中毒而死的意思，鸡犬吃了也都毒死，家人为了遮丑，就说升仙了，只留下臭皮囊在世间。

许多神话都可以根据常识去还原。不过，他的贡献就是在文化上留下了“一人得道，鸡犬升天”这个典故。

而我们说的豆腐其实只是炼造金丹的副产品。据说刘安在炼丹时，无意间碰倒了炉子，炉子里的物质流出来后，无意间撒到黄豆的浆液中，就凝固成了豆腐。

和很多事物的起源传说一样，这当然不可能全是真的。但是可能藏着一些合理化叙事。炼金术作为一种原始化学实践，有意无意为人类贡献了很多新的事物。比如，黑火药就是炼金术的产物。实际上，食物的发明大都不是一个人有意图的设计，或者是一次性的偶然结果，往往是人在和环境不断互动中偶然但是持续的试探。

再往大了说，历史上的很多重大变革，都是“无心插柳柳成荫”。比如前面说到的炼金术产生了黑火药这个副产品。再比如想要前往印度却意外发现美洲的哥伦布等。至今，淮南人坚信淮南是豆腐的故乡。不过谈一个食物的起源本身是一本糊涂账，虽然李时珍的《本草纲目》也谈及豆腐源自淮南王刘安，但你要查看刘安主持编写的《淮南子》一书，根本找不到一点儿和豆腐有关的记录。

在成都市郫都区有个花园镇，这个地方建有个淮南祠。原来是刘安的父亲、淮南厉王刘长在这个地方建起的。刘长谋逆被发配蜀地，中途经过这里迎娶了翁氏女。传闻刘长死后，翁夫人忠贞不渝，为其守陵至死。每日做食物祭奠，祭奠的豆浆不知道为何结成了絮状，这恐怕是最早形态的豆花了。

后来这新食物推广开来，众人皆知。所以至今花园镇的豆腐也很有名气。

汉代是不是有豆腐，现在还没有足够的材料支持。从历史上看，关于豆腐的记载从宋代才开始明朗起来。

不管如何，目前来看关于豆腐的起源，流传最广的还是淮南豆腐发源论。实际上，关于食物的起源的追溯更多的是一种文化需要。常识告诉我们，日常生活中的食物生产尝试不是一种实验室行为。把食物的发明做成实验化学的尝试在古代是不存在的。

因此，在豆腐展现在我们面前之前，没有任何一个人知道有这样一个食物样态。因此，恐怕没有一个明确的发明人。

◆ 2018 年，豆腐发源地安徽淮南市举行豆腐菜（宴）展示评选活动

很有可能，豆腐仅仅是在人们的生产生活活动中偶然产生的。有人吃豆浆，一些机缘巧合的原因导致出现了点豆腐的效果，使得豆腐出现在人的面前。一开始的豆浆凝固的现象肯定和我们今天看到的豆腐不一样。口感不同，形状也不一样，做法更是不同。今天我们理解的豆腐实际上是一长串历史积淀优化的结果。它一般是方方正正、洁白如玉的，口感比较柔软细滑，主要用来煎煮等。因此如果要说豆腐是谁的发明很难判断，恐怕更多是人和物交往中的巧合，外加历史和文化的不断塑造。

回头看来，豆腐的样态仍然在不断地进化中。有色如蛋黄的日本豆腐，有一身白毛的毛豆腐，还有臭气熏天却美味可口的臭豆腐。时间、历史和巧合在整个物质世界中不断冲刷着它们的形态，一些形态被淹没，一些形态被打磨出来，建造了我们今天的食物样貌。

今天的淮南，从 1992 年开始每年的 9 月 15 日都举办世界豆腐文化节。每年到这个节日，全世界的名厨云集，一起切磋豆腐的烹饪方法。届时名厨荟萃，游人如织。一盘豆腐，传承了千年的文化，使得五湖四海的人因为对它的追随而凝聚在一起。

豆腐中所凝结的不仅仅是食物的渴望，还有关灵魂的超脱、心灵慰藉的追求和实现。一段食物的起源，的确是一段展现人类文明历程的伟大历史。

（王小伟）

西药东渐的故事：康熙的金鸡纳霜

本章要说一种药物，叫作金鸡纳霜。

这个名称大家可能不是特别熟悉。它还有个西医学名，叫奎宁。它之所以叫金鸡纳霜，是因为是从金鸡纳树皮中提取的金鸡纳碱提纯后得到的。

奎宁的主要功效是治疗疟疾。它是人类历史上极为常见的病。人患有疟疾以后，通常先会全身肌肉痛，发冷，感觉怎么也不能暖和。然后体温极速上升，甚至达到 40°C 多。持续的高烧会导致各种症状，例如难以忍受的头痛、呕吐甚至抽搐等。之后进入缓解期，体温下降。过一段又照此来一遍。

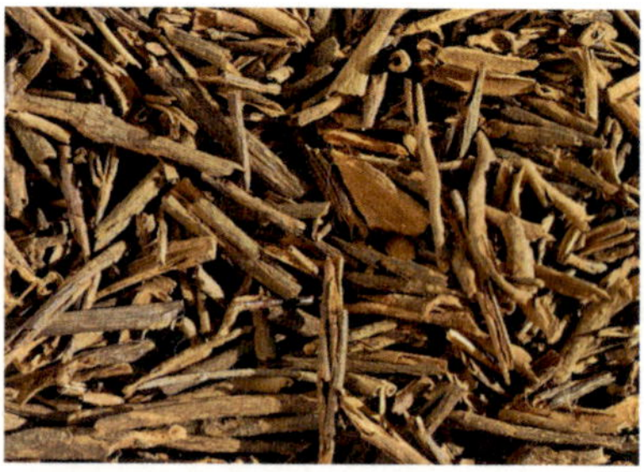
◆ 金鸡纳树的树皮

因此疟疾旧称打摆子或者间歇热，它时常处于发作和缓解交替过程，给人们带来很大的痛苦。近代医学才揭示出这是由蚊虫叮咬传播的疟原虫，在人体内引发的一系列生理反应。

直到今天，全球每年临床发病人数都还超过 2 亿人，每 2 分钟就有一个儿童死于疟疾。更不要说病因未明，又没有对症药物的过去。

过去中国人得了疟疾，还是依靠传统的中医治疗方法，也就是东晋的炼丹家葛洪在他的著作《肘后方》中提到青蒿的治疗办法。但其中提到的青蒿的种类、制药的纯度和烹煮的方法都不对，因此实际上是无效的，很多时候只能起到安慰剂的效果。

中国历史上，有一个疟疾病人经历了一次离奇的治疗过程，他就是清帝康熙。

康熙是中国历史上在位时间最长的皇帝，也是一位长寿皇帝，活到了 68 岁。比照当时人均寿命而言，这已经是相当长寿。其文治武功无人能敌，他还是中国历史上少有的几位特别热爱西方科学的人。西方的几何学、算学和医学他都十分热衷。他个人以西洋传教士为师，研究几何学，并乐此不疲。

他当时注意到在法国广泛流行的一种药粉。这是法王赐给百姓用来治疗所谓间歇热的。康熙皇帝自己做了不少实验，发现它对打摆子有起死回生的功效，遂称之为神药。

后来他自己患上疟疾，请最好的老中医诊断，治疗效果不好，于是打算自行服西药粉，遭到了大臣们的阻拦。他们认为西药来历不明，其用医理论和治病机理都搞不清楚。康熙昭告天下，广寻良医，其中有一个和尚

◆ 康熙画像

应召前来治病。他从井里提了桶凉水，朝天合掌，敬拜四方，随后做了100多种不同的手印姿势。继而将打出来的水给病人喝，却毫无效果，遂被驱逐。

后来传教士献上金鸡纳霜，当时给了三个病人试药。一个是发作间歇吃，一个发作后吃，一个发作当天吃。效果奇好无比，三人全部痊愈。大臣们于是报请圣上用药。

但是皇太子对这个药并没什么信心，他觉得还没搞清楚药的副作用，不能这么鲁莽给皇上用。于是召见了监督用药的索额图等四人，让他们几个试药。这四个人老老实实吃了药，回去休息了。

康熙一宿睡不踏实，半夜三更召见这四位重臣，发现他们安然无恙。康熙一听大为释怀，赶紧服下金鸡纳霜。这一宿，皇帝再也没有出现以往的高烧情况。这是第一次有详细记载的西药在中国产生疗效的文本，出自在华传教士洪若翰神父致拉雪兹神父的信。

康熙服用金鸡纳霜治愈疟疾后，赏赐了所有献药的人，同时严厉地惩处了三位宫廷御医。这三位医生建议皇帝保守治疗，重视调养而不要乱服药物。康熙倒是没有质疑中医疗效，或者责怪他们医术不精。他谴责这三位医生怕担责任所以不敢开药，这是一个有关医学良心的谴责。后来这三位医生被判流放。

实际上康熙也是比较幸运的，奎宁有副作用，它可能导致头疼呕吐、心率失常等问题，严重的时候甚至可能会有生命危险。

好在当时的用量碰巧准确，传教士按照法国国王推荐的剂量和办法服用，康熙又碰巧对奎宁治疗比较敏感。为表彰西洋传教士的功劳，康熙打开清宫前院的房屋，将原皇帝老师居住的最大的宅子赐给了西洋教士居住，并且进行了一番装潢翻修。

有趣的是，奎宁不仅是一种药物，同时也常常出现在饮料中。最早英属印度疟疾流行时，人们把奎宁放到金酒里调成一种鸡尾酒来喝。

◆ 治疗疟疾的特效药奎宁

金酒是一种烈酒，常用来调配鸡尾酒，奎宁的味道呈浓烈的苦涩味，这两者加到一起，反而产生了奇妙的化学反应，使得酒水具有一种厚重的涩感。

现在大家喝的托尼水，里面那种苦涩的味道就来自奎宁。托尼水因为奎宁成分在紫外线下会发出绿色的荧光，看着非常好玩。美国的一些果汁饮料里面也经常加入奎宁。不过，现在饮料中的奎宁含量极低，只能增加风味，不再有抵御疟疾的功效。

奎宁其实并不是产生在欧洲，它最早是南美的秘鲁、玻利维亚等地区原住民用来缓解肌肉痉挛的草药，用来消除在低温下人体的颤抖反应。早期原住民把奎宁树皮磨碎加上甜的东西做成饮品，后来被耶稣会教士带回欧洲，并逐渐发现它治疗疟疾的功能，最终奎宁远渡重洋，治好了康熙。它到今天仍然发挥重要的抗病作用。

奎宁的历史，既是一连串误会和偶然的历史，也是人类全球化历史的一个精彩缩影。

现在我们知道，青蒿素改写了治疗疟疾的历史。青蒿素是中国的科学家屠呦呦女士和她的团队通过一系列化学提纯的方式获得的新型抗疟药

◆ 屠呦呦在诺贝尔奖的颁奖现场

物，并因此获得 2015 年诺贝尔生理学或医学奖。

从 2006 年开始，世界卫生组织已经不再将奎宁当作治疗疟疾的一线药物，只有在没有青蒿素的情况下才建议使用。不过，奎宁与青蒿素的疗效在不同的情况和病例中的优劣，仍然是当下医学研究中值得探索的内容。奎宁对一些新病症，例如说三叉神经痛、面肌痉挛等神经肌肉问题的疗效正在被不断发现和探索。

（王小伟）

安藤百福的方便面

说起方便面，大家都很熟悉，也都吃过。

尤其在绿皮火车时代，车厢里浓浓的泡面味道是一代人挥之不去的记忆。中国的方便面销量，也是全球第一。

你知道方便面的发明者是谁吗？他就是日本日清食品的创始人安藤百福，他也被称为“方便面之父”。说起来他还跟中国有一点关系。

安藤百福，一听就知道是个日本名字，为什么说跟中国有点关系呢？因为这个安藤百福其实是华裔。他原名叫吴百福，出生在日据时代的台湾，不到二十岁就继承了家里的遗产，“一个纺织厂，还有一堆钱”。这些成为他的创业资本。

安藤百福颇具经商天赋，继承了纺织厂以后，针织品销路很好，还很快把业务拓展到了国外，于 1933 年在日本开了一家分公司，总部设在大阪，成为中国早期跨国企业 CEO（首席执行官）。他一边做生意，一边还在日本留学，深度学习日本的语言文化，以便更好地开展业务。

当时的日本，因为战争而导致国家资源高度集中在军备上，战争也让大量劳动力流失，使得日本国内粮食产量大幅度下降。战争失败后，整个国家经济几近瘫痪，国民生活极度艰难，食物严重短缺。

第二次世界大战后，日本的粮食大多是由美国援助的面粉，大米很少，政府因此鼓励国民多吃面包。这对于日本人来说是无法忍受的。

正是在这样一个饥寒交迫、百废待兴的情况下，安藤百福有了发明一种新食物的灵感。这个灵感来自一个饥饿的深夜。

这一天，日本大阪池田车站，冻得瑟瑟发抖的人们在一个拉面摊前排起长队，只为了一碗热面条。安藤百福路过排长队的饥饿的人们，萌生一个念头：如果有一种加入热水就能马上食用的速食面就好了，这样就能和面包一样便于携带保存。

但一个难题摆在安藤百福面前：怎样才能让面条加水时迅速软化，不加水时又易于保存呢？

多次实验失败后，安藤的妻子油炸“天妇罗”的过程给了他灵感。

“天妇罗”是一种日本传统油炸食品，做法是用蔬菜等裹上面粉下油锅炸。油炸食品的面衣上有无数的洞眼，就像海绵一样，这是因为面衣是用水调和的，其中的水分在油炸过程中会发散掉，形成“洞眼”，加入开水很快就会变软。

如果像这样将面条浸在汤汁中使之着味，然后油炸使之干燥，就能同时解决保存和烹调的问题。

安藤从中得到启发，把这种制作方法叫作“瞬间热油干燥法”。这种方便面制法很快拿到了

◆ 日本食品天妇罗虾

专利。

随后，安藤对调味料反复进行调配。1958 年，一种“鸡汤泡面”成功批量制作，瞬间成了当时的网红食品，人们竞相尝鲜，并称方便面是“魔法拉面”。

◆ 1960 年，日本工厂一名女工抱着一箱刚刚生产出的全球第一批方便面，箱子上写的是“鸡肉拉面”。

由于方便面好吃、方便、易保存，迅速打开了日本市场。

后来考虑到便捷性，安藤百福又发明了杯面和碗面，这样就可以随时随地泡面。而且，出于营养考虑，杯面中又添加了脱水蔬菜等调料包。可以说，考虑得很周到了。

如今安藤百福的日清已从一家日本食品公司演变为一家市值数十亿美元的跨国集团。

今天，方便面可能没有安藤百福在世时期那般火爆了。因为随着外卖行业的崛起，人们更倾向于更新鲜、完成度更高的食物。但是当时的拉面不仅是一种方便食物，还是日本战后苦难时代的印记。

1954 年，有一部叫《晚菊》的日本电影上映了。

其中，有一个特别有意思的情节，一个女孩儿带着她的母亲去拉面馆庆祝订婚。当这个女儿高兴地吃着拉面时，她妈妈的表情看起来很拧巴。这位经过饥荒的母亲，看到拉面就想起过去挨饿的日子。她怎么也想不通，年轻人为啥吃拉面还那么高兴，她感觉不可思议。

这个情节有点儿像我们中国老一代人吃过红薯干和窝窝头样，在米面

◆ 2021 年，福州市世欧广场内，一处由上千份泡面打造而成的泡面墙走红网络

稀缺的年代，人们迫不得已用这些食物充饥。这些东西对于经历过饥荒的老人来说，也许看一眼都倒胃口，而今天却被称为健康食品，鼓励食用。

时至今日，方便面都被我们认为是“垃圾食品”，但它在日本还有文化意义。日本人把它当作是自己对人类文明最重要的贡献之一。

因为普普通通一袋方便面承载的记忆不仅仅是日本特有的，也是属于全人类的。人类文明史很大程度上是一个对抗饥饿的历史。饥饿，的确是人类最为原始和深层的痛苦记忆。为了消除饥饿，人类总能爆发出非凡的创造力，方便面即是一例。

人类食物的历史已有数万年，方便面诞生不过几十载，但它却与米、面、菜、油等一起成为人们生活中不可或缺的基础物资。日常饮食有它，野外生存有它，2020 年抗击新冠肺炎疫情还有它，方便面早已融入每个人的生活。

从茹毛饮血到煎炸烹煮，从腌渍发酵到冷链生鲜，从挖坑烧火到自热包、便携炉，从煮面糊糊到烙饼擀面、分子料理，人类的饮食文化一直朝着越来越便捷、越来越精致的方向发展。

可以说，一碗热腾腾的方便面，一定程度上是一部可以品味人类文明发展史的缩影。

（王小伟）

茶文化的传播与茶叶贸易操盘手

今天，饮茶不仅是很多人的一种习惯，甚至还发展成为一种文化。

据说，茶叶最早是我们炎帝神农氏尝百草时发现的。唐朝时，一位叫陆羽的文人曾写过一本叫作《茶经》的书，专门研究茶叶的学问。

中国人喜欢喝茶，外国人也喜欢喝茶，不过，外国人喝茶的历史要比我们可短得多，总共加一块也就 300 多年。而且，他们的茶叶最初还是从我们这里传过去的呢。

1513 年，中国正值国力强盛的明朝中期，首次来到中国广东的葡萄牙人不知深浅，不断骚扰沿海各地，想要据为己有。

结果非但不能如愿，葡萄牙人连大炮都被明军抢走了。眼见没法武力征服，葡萄牙人只好改变了策略——与中国谈判，谋求合法贸易的权利。就是在这之后不久，葡萄牙人把中国的茶叶带回给王室，还把饮茶的方法教给了很多王族贵妇们。

茶叶在葡萄牙王室传播开以后，深受王公贵族们的喜爱，其中包括一位名叫凯瑟琳的葡萄牙公主。

1662 年，也就是郑成功收复台湾的一年后，24 岁的凯瑟琳公主嫁给了英国刚刚登基不久的国王查理二世。有意思的是，这位公主的嫁妆竟然是葡萄牙王国从印度据点弄来的七整船糖，还有她最喜欢的茶叶。

而她的丈夫呢，在 30 岁之前不是战败逃跑就是寄人篱下，根本没过过几天好日子，结婚之后更是“摇身一变”，成为人们口中整日无所事事、只知道疯狂享受生活的“快活王”。

凯瑟琳王后在英国不仅天天都能喝到茶，而且茶里还要加上牛奶和在当时极其昂贵的蔗糖。这种甜茶香气四溢，美味可口，沁人心脾，几乎所有在王后这里喝过茶的贵妇，后来都喜爱上了这种饮品的美味。

有一天，为了让王后喝得更舒心，“快活王”还特意命令王室的银匠，按照王后的需求制作特别的茶器。就这样，喝茶的习惯慢慢传遍了英国王室，传到了法国王宫，终于传遍了整个欧洲。

“快活王”来到后宫，开心地与王后商量着下个月去诺丁汉游猎玩耍的事情，兴致盎然的他一见到王后就开始激动地介绍了诺丁汉的美景，还讲了他当年战败逃亡、流落荒野在树上睡觉的故事。

讲到半路，他觉得口渴，于是招呼侍女拿饮料过来。只见王后悄悄给侍女使了个眼色，侍女很快端上了两杯蜂蜜牛奶。“快活王”看到后很是奇怪，平日里王后无茶不欢，今天这是怎么了？于是，他大声斥责了侍女：“你今天是不是搞错了！难道你不知道王后最喜爱喝茶的吗？快去弄点茶来！”

王后见状赶忙解释道：“陛下……这……这不是她的错……是因为……是因为我这里根本已经没有茶叶了……”

◆ 东印度公司进行第一次亚洲航海贸易

“哦？这是为何？澳门不是总能运来你爱喝的那种茶叶吗？”

“还不是因为荷兰人为了控制胡椒和肉豆蔻的贸易，把我们葡萄牙的海上贸易线切断了……父王曾试图派船队从美洲绕过去，与澳门取得联系，但是船刚开到大西洋就失事了……现如今，我已经没有茶叶可以喝了……”

王后说罢便噘起了嘴，皱起了眉，眼看着眼泪也马上就要掉下来了。

“快活王”闻言略微沉吟了一秒，怒气冲冲地说道：“这荷兰人着实太可恶了！是时候该出兵好好教训教训他们了！至于茶叶，王后不必担心，我这就去命令我们的东印度公司派人与澳门取得联系，着令公司的海陆力量押送茶叶贸易商船回国。放心吧亲爱的，我保证你日后还能天天都喝到茶！”

王后马上转悲为喜：

“多谢陛下！”

见王后高兴起来，“快活王”也笑了。“我马上去召海军大臣以及东印度公司的董事长查尔德，商议一下进攻荷兰人的计划。打败荷兰人之后，我们就去诺丁汉好好地玩一玩！”

“快活王”离开后，王后马上露出了狡黠的笑容，觉得自己挑唆英国对荷兰开战的计划成功了，而自己藏起来的那些茶叶，用不了多久也就能重新拿出来喝了。

果然，没过多久，英国的东印度公司就在澳门建立了商站，并给凯瑟琳王后送来了大量用银器盛放的茶叶。

此后几乎每年，东印度公司都能按时送来数不胜数的茶叶。虽然英荷两国开战，互相封锁了海路，还禁止通商，但东印度公司总能从荷兰人控制的东南亚一带弄到茶叶。讲到这里你们可能要问了，这英国的东印度公司到底是什么来头？为何如此厉害呢？

时间回到1600年，那时候，英国商人准备在印度、东南亚一带开发属于自己的贸易，便成立了东印度公司。为了防止同行的竞争，他们还特意向当时在位的女王伊丽莎白一世申请了特许状。

慢慢走上正轨的英国东印度公司，不断地向荷兰人在东方的贸易垄断地位发起冲击，特别是在荷兰人势力最为薄弱的亚洲大陆。东印度公司开始从印度大量进口棉纺织品，从中国廉价购买瓷器、丝绸，还有茶叶。

特别是茶叶！自打东印度公司的查尔德董事长知道本国王后喜欢喝茶之后，为了表现自己的一片忠心，他挖空了心思拼命往英国倒腾茶叶，还亲自挑选出上品茶叶进贡给王室。

对此，他们特意宣传说，王后特别喜欢喝这种来自东方的神奇树叶，

◆ 印度阿萨姆茶园

煮成水后，再往里面加入牛奶和蜂蜜，不仅香气四溢、美味无比，还能美容养颜、益寿延年。

有了这样的“宣传语”，那些有钱又爱赶时髦的英国人自然都来尝试，于是一传十、十传百。

到了18世纪，饮茶已经渐渐成为英国人的一种生活习惯。就连深受英国文化影响的中国香港同胞们，至今还管下午吃的那顿饭叫作下午茶呢。

就这样，大约用了一个世纪的时间，东印度公司靠着售卖茶叶赚取了大笔大笔的利润，而茶叶，也从最初只有王公贵族才能享用的豪华奢侈品，逐渐飞入了英国的寻常百姓家。是的，此时茶叶的价格已经大大降低了！

这自然还是东印度公司搞的鬼。

一开始呢，东印度公司确实是老老实实地拿真金白银从印度人那里买棉纺织品、从中国人这里买茶叶。后来，英国占领印度之后，他们想了一个狡猾的办法：把中国的茶树移植到印度的土地上，由公司自己安排人来种茶的话，这样就不用掏钱给中国人了。

为此，东印度公司特意收买了一些无良的中国流氓和无赖，偷到一些茶树的种子。种子到手以后，他们联系当时任英国皇家学院院长兼皇家植物园园长的博物学家约瑟夫爵士，聘请他研究移植技术，选取移植地点。这位博物学家确实是有本事，不仅很快研究出了移植技术，还在公司所管辖的印度土地上圈出了适合移植的位置。像如今的“阿萨姆奶茶”中的那个“阿萨姆”，就是当时这位博物学家圈出的一个印度地名，现在那里的红茶依旧闻名世界。

偷种子种茶树也就罢了，利欲熏心的东印度公司还专门派人到中国收集优良茶种，不断改良自己的品种。后果便可想而知了，不仅少了这个最大的买主，还凭空多出来一个实力相当的竞争对手。中国的茶叶贸易从此可谓一蹶不振。

东印度公司也没逍遥太久，由于它在印度的残暴统治，最终引发了印度的民族大起义。1858 年，东印度公司被英国政府剥夺了对印度的统治权，不久就关门大吉。

东印度公司这种具有特权性质的公司，它的崛起和衰落都是历史的产物，它和我们今日全球化背景下的跨国公司并不是一个性质。东印度公司在建立之初就拥有军队，并且有建立殖民据点的特权。大航海时代来临后，世界联系空前密切，为了贸易而进行的殖民活动增多，东印度公司这种携带军队进行殖民活动的公司应运而生。不只是英国有东印度公司，荷兰、法国都建立了东印度公司，为本国完成原始积累起到重要作用。

尤其是英国的东印度公司，在与中国的正常贸易不断亏损的状况下，进行鸦片贸易，使中国的白银大量流入英国。但是伴随工业革命的深化，原始的资本掠夺式的贸易不适应时代的发展，东印度公司这种带有特权的公司，逐渐被淘汰，退出历史舞台，也是必然之势。

（韩毅）

咖啡如何风靡全世界

有人喜欢喝茶，有人喜欢喝咖啡。

作为世界上仅次于茶的第二大饮品，咖啡绝对是西方的舶来品，甚至带有西方文化的标志和符号。但是，你可能不知道，咖啡的原产地是距离西方文明十分遥远的非洲大陆。而且，它从诞生到风靡全世界，历经了上千年的岁月。

现在，我们就穿越时空隧道，讲一讲咖啡和它走向世界的历史故事。

在非洲大陆东端，有一个国家叫埃塞俄比亚。这是一个有着三千年文明的古国，地势崎岖，气候干旱而相对凉爽。从东到西，从南至北，密布着险峻的山岭、茂密的灌木丛和雄伟的高原。埃塞俄比亚的原住民们，就是在这样的环境下，一代又一代地生息繁衍。

在公元 8 世纪，埃塞俄比亚西南部的咖法省住着一位名叫柯迪的牧羊人。他与自己的祖辈们一样，过着日出而作、日落而息的生活。

柯迪每天都会前往离家不远的一处草原放牧，每当一地草丛被吃光

◆ 2017 年，走进非洲探寻咖啡的起源地埃塞俄比亚。图为咖啡种植园女工

了，就在附近另找一片草丛。羊是一种温顺的牲畜，柯迪只要把羊群放养在草丛之中，然后挑选一处地势较高的位置，或者干脆找一大块石头坐定，任凭羊儿吃草，一旦有羊走远了就把它们归拢到近处就可以了。有的时候他整天都不用挪动自己的位置，只需要睡一大觉就可以等到日落，羊儿们甚至不会走出自己的视线之外。

这一天又是晴朗的一天，柯迪照例前往离家不远的一处新草场放牧。每当风儿掠过，一望无际的草原就仿佛波浪一般掀起滚滚浪花，那是草丛在随风起伏。柯迪就这样看着草原、蓝天和羊群静静地沉睡了过去。

当他再次醒来时，太阳还高高地挂在空中，草原依旧静静地随风起伏。但是，与以往不同的是，温顺的羊群中有一部分羊显得格外活泼好动起来。它们或是蹦蹦跳跳，或是互相追逐嬉戏，柯迪花费了很大的劲儿才把羊群归拢起来。

回到家中后，柯迪心里还在嘀咕，平时温顺的羊群为什么如此反常，但是他又找不出原因，只好带着疑惑进入了梦乡。

第二天一早，柯迪决定跟着羊群一探究竟。他在昨天放牧的同一块草场继续放牧。与往常不同的是，这一次他集中精神观察羊群的动向。果然，过了一会儿，一些羊开始聚集到附近的一丛灌木中啃食着什么。柯迪静悄悄地走近观察，发现它们正在一丛结满了鲜红果实的灌木旁边大嚼着果子。柯迪不禁心生好奇，“是什么果子让羊儿们吃完之后，变得那样活泼好动呢？”

于是，他也从这些树上摘下了这些果子品尝了起来。这些果子果肉甜美，里面的种子更是带有奇异的香味，于是柯迪忍不住大吃起来。过了一会儿，他发现自己的倦意一扫而空，他不仅不像往常那样想要睡觉，反而精神百倍直到晚上睡觉之前都毫无倦意。

经过几次尝试，柯迪发现这种果子的果核有提神的效果，便将这些果核收集起来放入装满热水的壶中蒸煮。随着温度的升高，壶中的水逐渐变成了深褐色，一股令人垂涎的香气也飘满整个房间。

就这样，世界上第一杯用咖啡果制成的饮品诞生了。

埃塞俄比亚的对面就是阿拉伯半岛。

很早就有阿拉伯商人来到埃塞俄比亚经商，将这种饮料传到了阿拉伯半岛的也门境内的修道院中。教士们发现，这种味道苦中透香的饮品竟然能够让他们不眠不休地专心祷告。于是，这种神奇的饮料开始在各个修道院之间流传。教士们改进了制作工艺，将果核晒干磨成粉后加以冲泡，并以这种饮料的原产地咖法省将其命名为“咖啡”。

16 世纪初，咖啡开始传到中东地区和土耳其的各大城市，许多当地居民成为咖啡的忠实爱好者。

长久以来，阿拉伯的商人们一直试图保持在咖啡豆贸易中的垄断地位，但是，天下没有不透风的墙，永远垄断咖啡贸易显然是不可能的。

咖啡如何扩散到世界其他地区，有两种说法。

一种说法是 1683 年，土耳其人兵围维也纳，奥地利人联同波兰内外夹击土耳其，解除了维也纳的危机。在打扫战场时有人发现一袋黑色的种子，一个曾在土耳其生活过的小伙子拿走了这袋种子，并在维也纳开了欧洲第一家咖啡店。17 世纪末，咖啡以“伊斯兰酒”的名义通过意大利和奥地利等国家开始大规模传入欧洲。

另一种说法则更加富有传奇色彩。一位名叫巴巴・布丹的印度穆斯林在麦加朝圣时偷偷带走了七颗红色的咖啡果，然后将这些果实种植在印度南部自己的家乡。为了纪念他，人们把巴巴・布丹的家乡以他自己的姓名重新命名，并尊奉他为圣人以感谢他的贡献。

此时东印度公司已经成立，在印度种植的咖啡通过东印度公司的贸易在欧洲大量传播。

17 世纪初期开始，荷兰人逐渐掌握了亚非地区香料贸易的主导权，他们很快发现了咖啡的贸易潜力，并在东南亚的殖民地开始大力种植这种作物。

18 世纪初期，荷兰人将一株咖啡树献给法国，为了将咖啡树平安地从法国本土运往加勒比海地区，负责运输任务的海军船长特地将船上每日分配的珍贵淡水拿出一部分用于浇灌这株作物，最终使得树苗成功地跨越大西洋，平安地到达目的地。

这株树苗也成为世界上多数咖啡树的种源，加勒比海国家也逐渐成为

◆ 19 世纪巴西咖啡种植园

世界上咖啡的主要产地之一。

巴西的咖啡是 1729 年从法属圭亚那引进的。当时法属圭亚那是法国的主要咖啡产地，巴西是葡萄牙殖民地，两者是竞争关系。

法国不希望咖啡种植技术进一步扩散。后来，一位名叫巴耶达的葡萄牙人用自己的魅力迷住了法属圭亚那总督的夫人，他鼓动总督夫人在鲜花中暗地里夹带了咖啡种子，把种子藏在鲜花里以便将种子偷运出境，避开海关的检查。

咖啡就这样巧妙地输入到巴西的帕拉，现在巴西成为世界上最大的咖啡生产国之一。

1730 年，英国人把咖啡引进到加勒比海地区的岛国牙买加——今日

◆ 牙买加蓝山咖啡种植园

著名的蓝山咖啡的诞生地。

此后，在 19 世纪 80 年代，英国种植园主又将咖啡移植到非洲地区的肯尼亚。就这样，咖啡这种原产自东非的植物在经过了千年的旅程后又回到了自己的故乡。

1825 年，美国开始在夏威夷种植咖啡。从此，这里成为美国唯一的咖啡种植基地。

19 世纪末期，咖啡又被引种到我国的云南。可以说，咖啡种植的扩散，恰恰反映了全球市场逐渐形成、世界各地逐渐紧密联系在一起的过程。

进入 20 世纪后，随着现代化食品加工技术的发展，速溶咖啡也应运而生。

1929 年，随着世界性的经济危机的发生，咖啡的价格也一落千丈，巴西积压了大量过剩的库存咖啡。为了更好地保存这些咖啡，他们委托瑞士雀巢集团寻找一种新的工艺，将固体的咖啡豆变为“可溶性粉状咖啡”以便于罐装保存。

为此，化学家摩根尔特经过 3 年的研究后发现，在咖啡中加入甜牛奶和糖后再加工为粉状，不仅使咖啡口感和香味更加醇厚，还能够更长时间保存。1938 年，这种可溶性粉状咖啡开始在雀巢公司位于瑞士的工厂投入生产，并以“雀巢咖啡”的名字投入市场。

相较于咖啡豆，这种速溶咖啡不仅冲泡方便，还能在很大程度上保持原有的口感和味道，更重要的是易于保存，因此大受欧美市场欢迎。到了 1940 年，这种速溶咖啡已经在 30 多个国家出售了。

在“二战”期间，全球范围中有将近四分之三的雀巢咖啡被销往美国和英国。由于速溶咖啡易于保存和运输的特点，大量的雀巢咖啡被美国军方采购用于供应前线的将士。

战后，速溶咖啡随着美国大兵的脚步逐渐扩散到了世界各地，连亚洲也成为咖啡的大市场。就这样，咖啡在经济全球化、技术革新和战争的推动下，成为风靡全球性的饮品。

咖啡的传播过程，正是全球化进程的一个缩影。

（韩毅）

打开苏联市场的先锋饮品

一提起苏联，人们首先想到的是飞机、坦克、导弹和核潜艇。当然还有伏特加——苏联人最爱的饮品。

不过，苏联人喜爱的饮品，并不仅仅只有伏特加，他们对另一种美国饮料也非常钟爱。钟爱到什么程度呢？为了喝到它，苏联人愿意拿军舰去换，而且一出手就是十几艘。

什么饮料有这样的魔力呢？答案是可乐，而且是百事可乐。

百事可乐 19 世纪末诞生于美国，标志性的白蓝红三色商标今天几乎家喻户晓。人们一见到它，就会将这种爽口的碳酸汽水与美国联系在一起。可以说，这种汽水和它特征鲜明的商标，已经成为美国生活方式和美式价值观的象征。

你可能会疑惑，今天司空见惯的可乐真有这么大魔力，值得拿军舰去换？放到现在，当然是大可不必，但在美苏冷战时期，这就一点都不奇怪了。

◆ 圣彼得堡涅瓦大街的百事可乐广告

20 世纪 50 年代，美苏两国拉开冷战的序幕，开始或明或暗地较劲。一瓶美国饮料，出现在社会主义国家苏联，在当时看来，是绝对不可能的。

1959 年，美苏两国决定举办一系列双边文化交流和互访活动，以缓和两国一直以来的紧张关系。在美国政府的推动下，美国人计划在莫斯科举办一次规模庞大的美国国家展览会，到时候由美国副总统尼克松亲自带队前往苏联，时间就在 7 月。

这则新闻引起了时任百事可乐国际部经理肯德尔的注意。

商人的直觉告诉他，这是一个推广百事可乐的好机会。如果百事可乐这个品牌能够参加在苏联举办的展览会，将不仅是一次世界范围的大广告，还有可能获得进入苏联市场的机会。

在接下来的百事公司董事会中，大多数人都认为把这样一种饮料远渡重洋带到社会主义大本营苏联是痴人说梦，但是肯德尔依然相信，这次博览会是一次宣扬百事可乐品牌的绝佳机会。

◆ 1959 年在莫斯科举行的美国国家展览会上，赫鲁晓夫品尝了百事可乐

肯德尔决定绕开董事会，他利用自己的关系联系到了尼克松。为了向公司证明这趟旅程物有所值，肯德尔请求尼克松帮忙，必须要“让百事可乐出现在赫鲁晓夫的手上”。

1959 年 7 月 24 日，美国国家博览会在莫斯科如期举行。赫鲁晓夫、尼克松等美苏高官被有意引到了百事可乐台前。身材矮小敦实的赫鲁晓夫在众人环绕之中显得特别突出。

尼克松对赫鲁晓夫说道：“总书记先生，请您品尝一下我们国家的特产，一种叫作百事可乐的饮料。”

肯德尔也不失时机地应和道：“尊敬的总书记先生，请您务必品尝。”

赫鲁晓夫出身于乌克兰农民家庭，以性格豪爽著称。他从肯德尔手中接过两瓶饮料，看着棕黑色的液体在玻璃瓶中来回荡漾，略显不解地端详着：“我说，你为什么要给我这两瓶看起来一样的饮料呢？它们有什么区别吗？”

对于赫鲁晓夫的提问，肯德尔早有准备。他回答道：“总书记先生，别看这两瓶百事可乐其貌不扬，但是其中一瓶是在纽约生产的美国货，而另一瓶是用莫斯科的水调配而成的，还请您品尝鉴定，哪一瓶更加可口。”

赫鲁晓夫也不客气，亲自用起子打开两瓶饮料后，倒进纸杯里咕嘟咕嘟地喝了起来。“果然还是那瓶用我们莫斯科河的河水酿造的可乐更好喝啊！”赫鲁晓夫开心地大笑了起来，说完，又连着喝了好几口。

一旁的记者没有错过这一幕，迅速用手里的相机拍下了赫鲁晓夫畅饮百事可乐的这个画面。这个消息很快就传遍了苏联的大街小巷。

接踵而来的，是一场苏联民众品尝百事可乐的热潮。在随后几天展览里，大家纷纷拥挤在百事可乐展台前争相索要装有可乐的纸杯，而那张赫鲁晓夫喝百事可乐的照片，也被媒体传遍了世界。

后来，赫鲁晓夫的儿子回忆说，很多苏联人第一次喝百事可乐时，都觉得它的味道品尝起来很新奇，即便在展览会结束之后，许多人还久久不忘这种感觉。可以说，肯德尔的计划取得了圆满成功。

这次成功的营销让肯德尔在百事公司的地位迅速上升。仅仅 6 年后，肯德尔就一跃成为百事公司的 CEO，他的下一个目标是，将百事可乐正式投入苏联市场。

肯德尔紧锣密鼓地投入与苏联政府的谈判当中，以期将百事可乐送进苏联的千家万户。

谈判期间，最大的障碍在于支付方式。当时苏联货币卢布无法在国际市场上自由流通，因此百事公司与苏联政府经过反复谈判，最终决定用以物易物的交易方式做成这笔买卖。具体是怎么操作的呢？百事可乐可以进入苏联市场，作为交换条件，百事可乐必须帮助苏联在美国销售伏特加。就这样，百事可乐在苏联打开了销路，成为苏联人最喜欢的饮料之一，而当时的勃列日涅夫政府也得以清除伏特加的巨大库存。值得一提的是，苏联的伏特加在美国也很畅销。

就这样，百事可乐成了苏联境内能买到的“第一种资本主义商品”，百事公司成了打开苏联市场的先锋。而这时，距离当时赫鲁晓夫在美国国家展览会上喝下百事可乐已经过去了 14 年。

1977 年，肯德尔又成功地谈下苏联的可乐垄断协议，直接将老对手可口可乐封锁在苏联国门之外。

百事可乐开始在苏联境内生产装瓶，勃列日涅夫还曾经视察过苏联境内的百事可乐工厂。截至 20 世纪 80 年代末，全苏联一年差不多要喝掉 10 亿瓶百事可乐，这种美国生产的饮料已经成为苏联人民日常生活的一部分了。

1989 年，苏联和百事公司的合作协议到期，双方就新的合作协议进行谈判。由于苏联无力提供足够的伏特加，也没有多余的外汇去购买。可以说，除了武器装备，什么都没有。

所以苏联人脑洞大开，想出一个用军舰换可乐的办法。百事公司本来是肥仔快乐水的制造商，这下成了贩卖苏联军火物资的商人。

就这样，百事公司从苏联人手中得到了 1 艘巡洋舰（1.3 万吨）、1 艘护卫舰、1 艘驱逐舰、17 艘潜艇以及数艘油轮，一跃成为世界第六大海军力量，成为当时世界上最大的私人海军。

不过这些军舰没有办法开到美国本土变现，只能停在红海，最后当废铁卖给瑞典一家钢铁公司。当时，肯德尔还调侃当时的美国国家安全顾问："我们解除苏联武装的速度可比你们快多了。"

百事可乐在苏联的畅销，激励着百事公司在业务上更进一步。1990 年，公司与苏联政府敲定了一宗高达 30 亿美元的大买卖。这是有史以来任何一家美国公司都未曾在苏联市场达到的高度。

随后，百事公司准备将自己的另一项王牌产品必胜客披萨，也销售到苏联境内。

然而第二年，也就是 1991 年，苏联解体，它与百事公司的世纪大合约也随之作废。双方长期以来平衡而友好的合作，迅速演变成了一场在混乱中保卫各自资产的争夺战。

当时，苏联各成员国之间的重划国界事宜、通货膨胀以及私有化运动使局势愈加复杂，显得扑朔迷离。

此时的百事公司需要面对的就不仅仅是一个国家了，它必须和 15 个新国家重新谈生意。刚刚在苏联起步的必胜客需要用到的马苏里拉奶酪要从立陶宛进口。百事公司想改用便宜的塑料瓶代替厚重、昂贵的玻璃瓶，可生产塑料的公司却在白俄罗斯。

类似的困境还在于，百事公司曾和苏联签下一个合同，用可乐糖浆换取 10 艘重型货轮。结果，合同签订后没几个月苏联解体，合同规定交付的重型货轮有一大半停靠在乌克兰港口。

当百事公司拿着合同去找乌克兰当局的时候，乌克兰当局就不认账

◆ 2011 年，可口可乐新工厂落户俄罗斯南部罗斯托夫

了。他们希望能从百事公司的可乐大订单中分一杯羹。肯德尔也在那个时候退休了，他无能为力哀叹道，苏联实质上已经破产了。

雪上加霜的是，老对手可口可乐公司也已经极富侵略性地进军了苏联市场，百事方面为了保持优势，只得焦头烂额地疲于应对。如今，虽然俄罗斯仍然是百事可乐在美国境外的第二大市场，但是，百事公司作为领头羊一骑绝尘的荣光已经一去不复返了。

苏联解体后仅仅数年，可口可乐就击败了百事可乐，成了俄罗斯最受欢迎的可乐。而在 2013 年，连普希金广场上百事可乐标志性的广告牌都被撤下了。也许，百事公司之前就应该把这个广告牌挂在所有它换来的驱逐舰上，这样它便是世界上军事实力最强的可乐公司，可口可乐定会望尘莫及。

（韩毅）

文明的故事

这就是生活

THE STORY of CIVILIZATION

光到底是什么：牛顿的三棱镜

光是什么？你有没有问过自己这个问题。

它和空气一样，无处不在，却又摸不着，闻不到。这一直是人类最想探求的问题之一。

其实在2000多年前，人们就已经对光的本性进行了争论。柏拉图和希腊哲学家们进行争论，柏拉图的说法叫“遇见说”：“人的眼睛和太阳都会发射光，当这两种光结合后，人才能看见东西。”

当然大多数人都是拍脑袋探讨，并没有多少理论和实验依据。真正地把光学变为一门科学的人，是那个被苹果砸了脑袋的科学巨匠——艾萨克·牛顿。

随着科技的发展和生产力水平的提升，人们有了更多更精密的实验设备进行科学实验。

至17世纪中叶，光学开始进入几何光学时期，有了更先进的实验仪器和理论基础。1608年，荷兰的李普塞发明了第一架望远镜，望远镜的出现拓展了人的观察领域，为科学事业的进一步深入发展奠定了技术基础。在他之后的开普勒、笛卡儿和斯涅耳进一步推进了光学研究。

那个年代，光沿直线传播仍然是绝大多数人的固有观念。然而随着研究的推进，越来越多的现象与光的直线传播不完全符合。例如，意大利科学家格里马第就观察到，光通过很窄的缝或者圆孔后，在应该出现阴影的地方出现了明条纹或者亮斑，这被称为光的衍射现象，就无法用光的直线传播理论进行解释。

牛顿在光学领域颇有建树，一点也不亚于他在力学上的成就。他在前人的基础上提出了光的微粒说，牛顿认为光是由一种极小的实体微粒构成的，这也很好地解释了光为什么沿直线传播的现象。

牛顿在当时的科学界拥有极高的声望，所以光的微粒说一度占据了人们的主流思想。

1672 年，牛顿利用横截面为三角形的透明体，也就是所谓的三棱镜，进行实验，发现看似透明无色的光线是由多种颜色组成的。

牛顿的三棱镜实验是在暗室中完成的，整个暗室除了窗板上的一个小孔可以透光，其他地方没有任何光源。牛顿在小孔前放置了一个三棱镜，太阳光从小孔射入经过棱镜照到对面的墙上：墙上出现一条像彩虹一样的七色彩带，由近及远依次为赤、橙、黄、绿、蓝、靛、紫。

牛顿分析这一现象，他认为大致有以下两种可能：一是光在经过三棱镜时与其相互作用导致颜色改变，还有一种可能就是白光是由多种颜色的光组合而成，三棱镜将白光进行了分解。

为了验证自己的猜测，牛顿通过在第一块三棱镜后面不断放置三棱镜的方法，做了多次验证，发现光不是因为和三棱镜相互作用而改变了颜

◆ 牛顿的三棱镜实验

色，而是白光本身就不是一种单一颜色的光，它是由多种色光混合而成的。而这个白光通过三棱镜后分解为七色光的现象被称为光的色散。

这一发现与古希腊哲学家亚里士多德的观点截然相反。亚里士多德认为的，白光是最纯净的光，其他色光则是由于白光发生了变化而产生，是不纯净的。这一观点直至 17 世纪仍然在人们心中根深蒂固。牛顿的三棱镜实验打破了这一观点。

可能大家要问，为什么上述七色光在经过三棱镜后会依次排开，而不是重叠在一起呢？其实，这就是三棱镜的工作原理，即不同颜色的光具有不同的折射率。

折射率与波长有关，不同颜色的光波长各不相同，所以当这七种色光的入射角都相同时，其折射角是各不相同的，也就造成了光照到墙面后会分布在不同的区域。

◆ 牛顿的反射式望远镜

牛顿在发现光的色散这一现象之后，很快意识到任何折射式望远镜都会受到光的散射影响，为了避免这个问题，他发明了世界上第一个反射式望远镜，即“牛顿望远镜”。

1704 年，牛顿出版了他关于光和色彩的伟大著作，这本书几乎立刻被公认是现代实验哲学最伟大的作品。

许多科学家继续沿着牛顿的路径深入研究，开创了现代光谱学。如今，我们的许多科学实验都要依赖于光谱。可以说，牛顿的三棱镜实验为现代光谱学奠定了基础，开辟了光谱研究的先河。我们都知道，其实除可见光外，还有大量不可见光的存在，如红外线、紫外线等。人眼所能见的可见光只是光谱上很短的一段。

随着我们对光的本质认识的深入，人类开始发挥聪明才智利用光制造出极为复杂的光学工具，而这些光学工具让我们在陆地和海洋上旅行，让我们看到无限远以及小到无法想象的东西。它们具有真正惊人的效果，带领我们到太空深处，也带我们窥探微观世界，揭露自然和宇宙的各种特殊真相。

（王小伟）

◆ 英国著名物理学家牛顿所著《光学或光的反射、折射、弯曲与颜色的论述》罕见首版书

证实『日心说』的关键：伽利略和他的望远镜

在科学界了不起的科学家数不胜数，大家都是大神，自然谁也不服谁。

但还真有一个例外，就是本章的主角——实验狂魔伽利略。

他堪称科学史上受到好评最多的男人，而且点赞的都是一等一的科学大牛！比如爱因斯坦就曾说过，伽利略的科学发现，标志着物理学的真正开端；霍金也曾说过，自然科学的诞生要归功于伽利略。

可能大多数人对伽利略的印象，主要来自初中物理课本里的比萨斜塔实验。

可惜的是，据考证，伽利略并没有在比萨斜塔上做重球下落的实验，重球实验实际上是一个思想实验，是伽利略在头脑里演绎的。

不过类似研究自由落体运动的实验他倒是做了不少。不管比萨斜塔上是否发生了那件广为流传的“伽利略实验”，都丝毫不影响伽利略成为一代伟大的物理学家，也丝毫没影响“躺枪的”比萨斜塔作为一个旅游圣地，吸引着一批又一批的游人前来参观，他们依旧把这座古塔看作物理学发展史上的里程碑。

◆ 伽利略发明的望远镜

在伽利略那个时代，人们对宇宙有着极大的兴趣。虽然哥白尼早就提出了“日心说”，但由于教会的长期压制，当时大多数人的观念依旧停留在经典的“地心说”理论上。

加上在伽利略时代，还没有太多的观测证据能够充分证明哥白尼的“日心说”是对的。更无奈的是，当时“地心说”模型在观测和预测精度上，都比当时的“日心说”要高得多。

伽利略选择“日心说”，一定程度上是基于他自己的科学直觉和偏好。

在他看来，哥白尼的日心说能用更加简洁的模型来说明星体的运转，而地心说所依赖的理论模型却复杂多了。也许正如伽利略的一句名言所说的那样：在科学面前，权威一钱不值，思想至高无上。

要想证明到底是“日心说”更正确还是“地心说”更合理，最终都离不开天文观测。

然而在伽利略之前，并没有一个人制作出适合进行天文观测的仪器。例如著名天文学家第谷，他的所有贡献都是依靠肉眼观测得来的。

要想将天文学研究进一步向前推进，就必须要有新的天文观测仪器出现。伽利略之所以能证实哥白尼的“日心说”，与他发明的天文望远镜有着密不可分的关系。

1609 年 5 月，当时的伽利略正在威尼斯做学术访问。也许这次访问的最大收获并不是学术交流，而是他熟悉了制作眼镜的技术。

◆ 意大利天文学家伽利略展示他的望远镜

在伽利略的时代，文艺复兴运动的兴起和印刷技术的发展使大批欧洲人开始阅读。许多人很快就发现他们的视力不好，需要戴眼镜。当时君士坦丁堡（今伊斯坦布尔）刚刚落入穆斯林手中不久，有一批会烧制玻璃的工匠逃到了威尼斯，他们技术高超，尤其能烧制用作眼镜和镜子的透明玻璃。

当时眼镜与镜子的价格十分昂贵，一面大镜子的价格相当于一个农夫一年的收入。因此威尼斯不仅是商业中心，也成为科技中心。威尼斯商人富可敌国。

有一天，伽利略偶然间听到一个消息，荷兰有一些眼镜匠发明了一种能看见肉眼看不见的远处物体的“幻镜”。这一消息在当时的威尼斯普通人听来可能没什么大不了，顶多也就是能用来看看远处风景，作为一个把玩的器具罢了。但是在敏锐的伽利略看来，这可是一个重大发明！

他很快草草结束了自己在威尼斯的行程，回到大学钻进实验室，希望自己也能够制造出这样的仪器。

伽利略早期制造的望远镜效果其实非常一般。他当时还专门请了一些有文化的教士和学者去家里观测星象。但是据记载，他的望远镜产生了大量的炫光和畸形成像，看到的月亮甚至有两个。所以遭到不少讥笑。但即使是今天，一个高质量的镜头做起来也不容易，更何况在当时呢。镜头的制作基本上是手工研磨，光学研究的水平也很低。

经过不断地调整实验，终于伽利略用他发明的望远镜，惊讶地发现月球竟然不是像过去认为的那样光洁无瑕，而是有着数不尽的坑坑洼洼，现在我们常用来描述月球地貌的“环形山”“海”等术语便是由伽利略最初命名的。

这一发现不仅仅具有物理学上的意义，更为关键的是它冲击了当时人们内心的固有观念，意识到所谓“天堂”上的物体也不是完美的，和地上的物体并没有什么两样。这一观念的突破对科学的进步具有重大的意义。

除了用望远镜观察月亮，伽利略还利用它观察天空中的星星。他发现在木星周围有四个小星星始终围绕着木星转动，伽利略认为它们是木星的卫星，后人为了纪念伽利略的发现，将这四个卫星命名为“伽利略卫星”。

这一发现的重大意义并不只是找到了几个卫星那么简单，而是说明了不是所有的星体都围绕地球转动，地球并不是宇宙的中心。这一发现沉重

◆ 意大利天文学家伽利略使用他发明的望远镜

地打击了“地心说”，也就间接支持了哥白尼的“日心说”。

而且，伽利略还观测到太阳上有黑斑的存在，这些黑斑的位置始终在不断发生改变。据此他断定太阳也不是不动的，它自身也在自转，只是一颗普通的恒星，而地球则是围绕着太阳转动的。伽利略以他精确的观察，证实了哥白尼“日心说”的正确性。

站在今天的技术水平上看，伽利略发明的望远镜原理并不复杂。

它由两块透镜组成，靠近眼睛一侧的叫目镜，靠近物体一侧的叫物镜。目镜是凹透镜，起到发散光的作用；物镜是凸透镜，对光有会聚作用。

这种结构的优点在于设计制作简单，能直接成正像。缺点是光线在经过透镜时会发生折射。因为白光是由多种色光组合而成，不同色光的折射率各不相同，因此焦点也不在同一位置，这样便会产生镜中物体模糊的现象。

然而一切伟大的发明创造起步时看起来都很可笑，即使有上述缺点，伽利略望远镜的贡献也是巨大的，它开启了人类用仪器进行天文观测的时代。后来牛顿在此基础上发明了反射式望远镜，即“牛顿望远镜”，彻底解决了折射式望远镜的缺陷。

现代天文望远镜的发展日新月异，人们的视野也早已不再局限于太阳系。然而，不论我们现代的天文学研究成果如何进步，都不得不感谢数百年前伽利略制造的那个原始望远镜，也不得不佩服他对科学真理的追求和勇气，即使最后被罗马教廷判处终身禁锢在家。直到 300 多年后的罗马教廷才替伽利略平了反，宣布他无罪。

晚年的伽利略也因长期观察太阳导致眼睛失明，但他让全人类看见了前所未见的太空，他也被称为“现代天文学之父”而名垂千古。

（王小伟）

掌握世界运行的关键：莱布尼茨和他的计算器

计算器是今天我们最常用的工具。可是在电子计算器还没发明的时代，人们是如何进行计算的呢？

中国人早年可以用算盘来算数，那么西方人怎么来计算呢？

事实上，西方人也有类似的工具。到了17世纪，西方计算工具有了很大发展，最具有革命性变化的是莱布尼茨发明了西方计算器。

莱布尼茨这个名字大家可能不是耳熟能详，但他曾被罗素赞扬为那个世纪里最为博学的人，一位千古绝伦的大智者。

在17世纪，他和牛顿堪称科学史上的双子星。两人熠熠生辉，一时瑜亮。但许多人对牛顿熟悉，却不一定对他的对手莱布尼茨了解。这并非因为莱布尼茨的科学成就真的不如牛顿，而是时代的错位使他生不逢时，如今处于21世纪的我们可能更能理解这位二进制鼻祖。

那么到底做出了哪些贡献，让他得到如此之高的评价呢？

◆ 莱布尼茨尽管是彻底的理性主义者，却热衷于炼金术

莱布尼茨是一位罕见的全才，一生涉猎甚广。他不仅是一位伟大的哲学家，也是伟大的数学家。他和牛顿几乎同时独立发明了微积分。尽管“微积分之争”一度使莱布尼茨蒙羞，但需要承认的是在微积分的认识上他更胜牛顿一筹，如今我们在微积分领域使用的符号仍是莱布尼茨提出的。同时他也是一个典型的技术男，特别喜欢摆弄机械、搞发明。

科学家帕斯卡之前发明过只能做加法的计算器。1673 年，莱布尼茨在帕斯卡发明的加法器基础上进行改进，设计出一种能进行加减乘除四则运算的乘法器。这相当于是低年级小学生一下进阶到高年级了。

莱布尼茨的乘法器原理现在看起来并不复杂，但在当时具有划时代的意义。

它不仅能够进行加减乘除四则运算，甚至还能够进行开方。也许这正是为什么现代计算器追认先驱，只追认莱布尼茨而非帕斯卡的原因之一。

莱布尼茨设计的计算器由两部分组成：第一部分是固定的，用来进行加减运算。这一部分与帕斯卡的加法器没有什么本质区别；第二部分则是莱布尼茨的独创，这一部分由他设计的乘法器和除法器组成，核心结构是两排齿轮，也就是乘数轮和被乘数轮，用来进行乘除运算。

这是帕斯卡设计的加法器所不具备的结构和功能，也正是莱布尼茨的乘法器实现质的飞跃的原因所在。由于内部安装了一系列齿轮结构，这一计算器体积较大，长约 1 米，高达 25 厘米，宽约 30 厘米。

那个时候无论帕斯卡还是莱布尼茨发明的计算器，都是以十进制为基础的。特别帅的是，莱布尼茨还顺手推进了二进制的研究，梦想着将所有逻辑思维简化为机械运算。这也为我们的现代计算机奠定了运行基础。可以说莱布尼茨是历史上第一个接近人工智能的人。

可能你会有这样的疑问：莱布尼茨左手发明计算器，右手研究二进制，干吗不一步到位，做出二进制的计算器呢？

其实在当时的技术条件下，使用二进制制作计算器只会增加技术上的困难，甚至到现在十进制依然是我们数学上经常用到的，更何况当时的人们完全无法理解二进制。后来随着电子技术的发展，二进制才逐渐体现出它的卓越优势。

但无论如何，莱布尼茨提出的二进制计算法则，客观上促进了计算

◆ 莱布尼茨发明的计算器

器，特别是现代计算器的发展。如果没有二进制为现代计算器的计算奠定基础，即使电子技术再发展也很难有如今的成就。

关于二进制，还有一段有趣的传闻。

据说莱布尼茨与一位法国传教士往来密切，这位传教士从中国给莱布尼茨寄去了周易的八卦图，莱布尼茨正是从中国的八卦图中得到启示，从而发明了二进制。因为八卦就是通过两个基本元素一根长线阳爻和两根短线阴爻，来生成万事万物。

这个故事可能是杜撰的。不过，莱布尼茨确实对中国文化十分感兴趣，认为中西方应该相互交流，平等对待。他反对“欧洲中心论”，这在当时的欧洲可以说是一个另类。毋庸置疑，莱布尼茨对周易也有所研究，但并不是因为看了周易的八卦图从中得到启发，发明了二进制，而是发现周易的八卦图可以用二进制来解释。他为此而高兴地说：

“几千年来不能被很好理解的奥秘由我理解了，应该让我加入中国籍吧！”

据传莱布尼茨还曾经写信给康熙皇帝，建议在北京建立科学院，并且将一台自己发明的计算器赠送给康熙帝。不论此事在历史上是否真实发生过，莱布尼茨作为最早接触中国文化的西方科学家之一，对中西文化的交流确实做出了卓越贡献。

随着电子技术的发展，特别是1946年第一台电子计算机的出现，莱布尼茨发明的机械式计算器就不可避免地过时了。但他提出的二进制思想以及所设计的计算器的原理对现代计算机影响至今。现代计算机依旧基于二进制进行计算，电路的通电与断电，电容器的充电与放电等，都要依靠二进制的两个符号1和0来表示。

犹如先知一般，莱布尼茨超越了N个时代，看穿300多年的时空。

但从另一个侧面来看，不管是微积分，还是计算器，抑或二进制，它们告诉我们的是：数学是自然科学的基础，也是重大技术创新的基础。数学的进步，对人类社会走向近代化乃至现代化，有着至关重要的意义。数学有了长足的进步，我们才能够进行更加大规模、复杂、精确的运算，才使得对我们生活的广阔世界进行更准确的观察与测量成为可能。

也许伟大的科学家从来不是因为他当下做了什么，而是他看到了多远的未来。直到300多年后的今天，二进制成为计算机和互联网的基石，数理逻辑成为AI（人工智能）的始祖。这时，人类才真正读懂这位百科全书般的伟人——莱布尼茨。

（王小伟）

空气的力量：格里克的马德堡半球实验

1654 年，德国马德堡市的广场上有一场别开生面的拔河比赛。这次是用 16 匹马来拔河，现场人山人海，挤满了前来围观的市民。

其实这不单纯是一场拔河比赛，还是一场科学实验，设计和指挥这场实验的正是马德堡市的市长，同时也是抽气机的发明者奥托·冯·格里克。

在格里克的时代还没有所谓的职业科学家，政治家同时又是科学家的情况并不少见。

早先的科学探索是贵族和富人的私人兴趣。格里克家境殷实，从小特别崇拜伽利略，即使是后来从政，在繁忙的政务之余，时刻没有忘记进行科学实验和数学研究，他尤其对真空问题特别感兴趣。

在古希腊时代，亚里士多德认为真空是不存在的，自然界厌恶真空。他认为物体之所以能够运动，就是因为空气中充满了叫作“以太”的东西，以太倾向于四散流动，均匀分布。物体之所以能够运动就是因为“以太”在后面推动。

在格里克时代，创造真空环境成为一个热点研究。实际上，早前就有意大利科学家托里拆利通过水银测定了大气压强，比格里克做马德堡半球实验早了11年。根据当时托里拆利的实验结果，大气压强大约是101.325千帕。

◆ 托里拆利大气压强实验

不过，当时很多人都不相信大气压强的存在，托里拆利的结论受到了很大的质疑。

这也很符合常识，你去问小孩子，没有人会回答自己正在感到来自大气重量的压力。不过，科学常常指向超越简单经验和日常习惯的深层次的现实。为了让公众知道我们生活中无处不在的大气是存在压强的，格里克决定在马德堡广场这个地方（也有资料表示实验地点在德国雷根斯堡）进行一场“大型实验”，邀请民众前去观看。

这样，便有了文章开头所讲的马德堡半球实验。

实验的过程其实很简单，但对于当时的观众来说却很精彩而且十分新奇。格里克先是和助手将两个半球灌满水合在一起，这样球里的空间就被水全部占满从而没有了空气的存在。然后他们再把球里的水抽出去使得球内形成真空，最后把抽气嘴堵上。

这样，两个半球就由于大气的压力紧紧贴合在一起。在完成这一系列准备工作之后，实验中最精彩的部分上演了。

格里克指挥马夫拉着 8 匹马进入场地，一边各栓 4 匹，用绳子将马和半球连在一起。在格里克的统一指挥下，两边的马夫同时挥鞭，8 匹马也就同时朝着各自的方向猛拉半球。一时间，两个半球同时受到一边 4 匹马的相反之力，可是，球纹丝不动，并没有被拉开！

随后，格里克在两边各增加了 4 匹马，此时每一边都有 8 匹马。16 匹马同时发力的力量可谓是相当惊人的。准备完成后，第二轮实验开始。马夫们指挥着各自的马继续朝两边拉拽半球，

突然，现场的人们听到“砰”的一声巨响，有不少人被这巨响吓了一跳。伴随着这震耳欲聋的响声，人们惊讶地发现，半球被拉开了！格里克立刻激动地向人们宣布：大气压强是存在的！

今天我们稍微接触过物理的人都知道，为什么那两个半球极不容易拉开。但在当时很多人对此并不理解，格里克便在实验结束后向人们耐心地解释着原因。平时我们如果将两个半球合在一起，半球根本不会自己粘上，不需要人去拉就会分开。这是因为半球里有空气，它对半球产生的压力会和半球外面的空气所产生的压力相抵消。所以，看上去似乎大气并没有压力。

然而这次实验将半球内的水抽掉以后，半球内就没有了空气。半球外面空气产生的压力失去抵消之力后，就将两个半球紧紧压着贴合在一起。这种压力是惊人的，8 匹马都拉不开，足以看出大气压的威力。

其实大气压强的运用在我们生活中随处可见。小到用吸管喝饮料，大到飞机的升空，无不与大气压有关。水能够沸腾，也和大气压强有关。

◆ 2021 年，江苏扬州汶河小学的小学生举行科技嘉年华，体验“马德堡半球”实验

随着气压的降低，水的沸点就会随之变低，不到 100°C 就会沸腾，海拔越高，沸腾时的水温越底。所以高原上的水始终烧不到 100°C，食物很难煮熟，必须要用高压锅。实际上，压强不仅能改变一些物质的性质，还和我们的有机生命息息相关。

深海捕捞起来的鱼，放到空气中身体会爆炸而死。这是因为水底压力大，鱼体内也得有同样的压力来和外部压力保持平衡，一旦上到水面压强变小，内部压力就喷薄而出。

人类潜水也是同理，潜得越深肺部被挤压得越厉害，因此深潜结束后从水底上来，需要掌握适当的节奏，使肺内压力慢慢适应，否则快速上升可能导致肺部破裂。

尽管格里克的实验只是在众人面前验证了大气压强的存在，并没有对它进行具体的测算，更谈不上应用。但是，这个实验除了好玩之外，更重要的是起到了科学研究，尤其是实验研究所应该起到的一个非常重要的作用，那就是祛魅。什么叫祛魅呢？就是破除迷信和无知而造成的盲目崇拜。

◆ 气压计实验

格里克以科学家的姿态，在众人面前展示了大气压强的存在，让民众了解它在生活中的实际运用，而不是用这种神秘和惊奇去蛊惑人们，让大家感到恐惧。

也许这就是科学的意义所在——探索未知，探索可能，让人类更加了解我们自身和身处的自然。

（王小伟）

人类在微观世界的探索：虎克显微镜

现在我们要讲虎克显微镜，进入正题之前，我们先讨论一下三观问题。

这里指的是哪三观？微观、宏观和常观。

人类对世界的探索最初局限于肉眼可见的范围，我把它叫常观。慢慢地开始琢磨大得看不完和小得看不见的世界，这就是宏观与微观。庄子说："至大无外，至小无内"；佛陀说，一粒沙中有万千世界。短短几个字就涉及了宏观与微观两个层面。但是这些都属于天才的想象，只有随着探索的深入和科技的进步，人类对宏观世界与微观世界才能做到真正的了解。

过去，我们曾认为肉眼所能看到的便是宇宙中的一切。随着显微镜和加速器的发明，我们能够看到的尺度也越来越小，从细胞，到原子，再到基本粒子……

那我们就来讲讲微观世界——这个我们肉眼看不到的世界。通常人的肉眼只能分辨直径大于 0.1 毫米以上的物体，而微观世界的事物都小于该尺度。

想要看清微观世界，就不得不求助于工具了。因此，人类进入微观世界的钥匙——显微镜诞生了。

说起显微镜，可能大家首先会想到中学物理教材提到的列文虎克。

的确，列文虎克不仅制作了大量装饰精良的显微镜，还用它观察了雨滴、皮肤、昆虫等一系列事物，并公布了许多在当时足以震惊世人的重大发现。

然而，最早制作显微镜的却不是列文虎克，只能说他是名气最大的那个。当时荷兰很多镜片磨制工坊和专门从事镜片磨制的工人，已经拥有较为成熟的镜片磨制技术了。至于到底是谁制作了世界上第一个显微镜，至今仍有争议。

可以确定的是，早在16世纪晚期，荷兰眼镜制造商詹森父子就已经制造出了一台原始的复式光学显微镜。只不过由于技术限制，这台显微镜放大倍数有限，只能放大3到10倍。而且他们在制造出显微镜后并没有用于科学研究。所以后来詹森父子的名字没有像列文虎克那样名扬天下。

◆ 列文虎克最初设计的显微镜

什么是复式显微镜呢？就是既有目镜又有物镜，两个透镜都是凸透镜，分别位于镜筒两端，通过调节两个透镜之间的距离可以达到对远近不同的物体聚焦的目的。

复式显微镜的放大倍率约等于目镜放大倍

率与物镜放大倍率的乘积，所以复式显微镜可以在技术条件受限的情况下将放大倍率做得尽量高。它不需要通过磨制极小的透镜来提高放大倍率，所以制造工艺更加简单。要知道，在当时的工艺条件下，磨制直径极小的透镜是十分困难的。

和复式显微镜相对的是单式显微镜。单式显微镜的结构更加简单，当然缺点也更明显。它只靠一个透镜来进行放大，放大倍数与焦距成反比，放大倍数越大，透镜直径就越小，这就意味着制造难度越大。刚才也讲了，当时的工艺条件，很难制造出极小的透镜。正因为这一缺陷，单式显微镜的发展受到极大限制，现代实验中普遍使用的都是复式显微镜。

但是，世界上总有不信邪的，比如我们的列文虎克先生。

列文虎克制作单式显微镜的技术关键就在于他能将透镜做得极小，他制作的透镜厚度甚至能够达到惊人的一毫米，放大倍率最高接近300倍，至今都没有人能仅凭手工制作出比列文虎克的显微镜更精良的单式显微镜。

据说曾有人试图揭示列文虎克制作的秘密，认为不是靠磨制得到这么小的透镜，而是将一根细玻璃的中间加热使其软化，两边一拉则会得到两根其中一头特别细长的玻璃棒，再继续加热细的尖端，玻璃就会自然凝结出“小水珠”形状，这滴“小水珠”便是列文虎克的透镜。至于真相如何，恐怕只有列文虎克自己知道了。

不论采用何种方法，列文虎克制作的单式显微镜达到了登峰造极的水平。

他一生总共制作了数百个显微镜，正是在这些显微镜的帮助下，列文

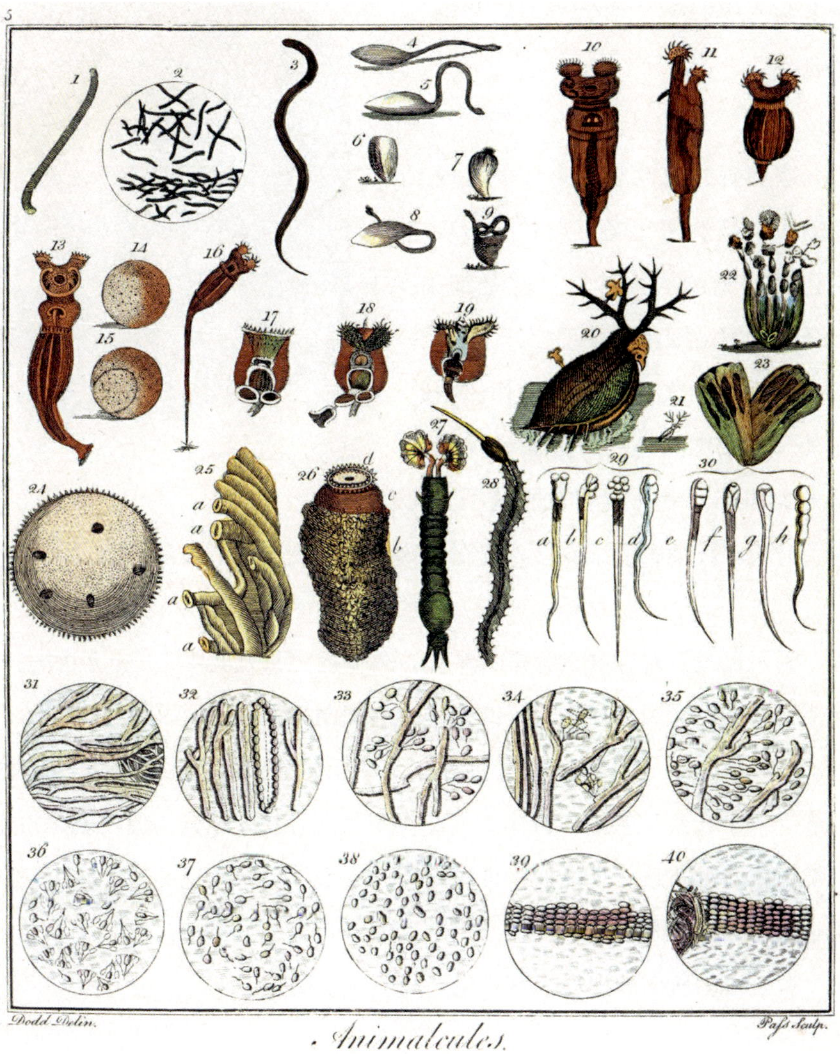

◆ 列文虎克首先观察到病原微生物

虎克向人类揭示了关于微观世界的一个又一个秘密。

他观察了雨滴、河水、污水等各种水样，惊奇地发现在水里居然有“小动物”在移动，这在当时是极为不可思议的。他将这些细小的微生物命名为“狄尔肯”，并对其进行了细致的研究。

◆ 列文虎克画像

这些研究使他成为第一个发现细菌的人。虽然列文虎克当时并不知道自己观察到的“狄尔肯”就是细菌，但毫无疑问为细菌的发现打开了大门，在这一点上列文虎克居功至伟。除此之外，列文虎克还利用显微镜观察到了人类和其他哺乳类动物的精子，发现了血液中红细胞的细胞核，并对各式各样的昆虫做了大量研究。

利用显微镜对微观世界进行观察，列文虎克只是其中之一，当时也有其他科学家对微观世界进行了或多或少的初期探索。

例如，1646 年，德国神父基歇尔为了阻止瘟疫蔓延，对瘟疫患者的血液进行了观察，发现血液中有“小蠕虫”的存在，他认为瘟疫就是由这些微生物感染所致。虽然后来证实这是个误会，他所发现的“小蠕虫”其实是白细胞和红细胞。

但是很多所谓的误会，却推动了科学的发展。

可惜的是列文虎克去世后，因无人追随其研究，刚被敲开大门的微生物学，骤然进入沉寂时期。一是由于当时条件下，缺少研究微生物的技术突破；二是大多数人相信微生物仅是稀奇的但并不重要。

虽然列文虎克活着的时候人们就认可他的发现，但一直到 100 多年以后，人们在用效率更高的显微镜重新观察列文虎克描述的形形色色的“小动物”，并知道它们会引起人类严重疾病和产生许多有用物质时，才真正认识到列文虎克所做出的伟大贡献。

甚至直到 19 世纪，显微科学的研究才超过 17 世纪列文虎克的水平。

随着时代的发展，电子显微镜应运而生，极大地拓宽了我们的视野：从最小的量子泡沫，到构成万物的原子；从双螺旋结构的 DNA，到复杂的细胞。

显微镜帮助人类打开了微观世界的大门，而人类对微观世界的探索也将永不停歇，正如哥白尼所说：“人的天职在勇于探索真理。”

（王小伟）

最早的充电宝：姆森布鲁克的莱顿瓶

在现代社会生活中，充电宝可能是最为重要的发明。

没有充电宝，很多人会陷入电子设备断电的焦虑中。充电宝在港式粤语里叫“尿袋”，可见它是一个多么应急的装置。这样一个能不断充放电的工具，在我们生活中已经随处可见，不过最早的充电宝来自何处呢？要想回答这个问题，我们可以先回到两百多年前的荷兰莱顿城。

如果大家去荷兰莱顿大学博物馆，就能看到一个备受瞩目的玻璃瓶，它就是人类制造的第一只“充电宝”——莱顿瓶。

自从英国医生吉尔伯特发现琥珀摩擦后的金属球带电后，众多科学家便纷纷开始对电进行研究与探索。自然界的起电现象早已有之，生活当中随处可见的摩擦起电、雷雨天的闪电等，都是电荷运动带来的结果。

然而，闪电等自然现象完全是不可控的，当时人们所希望的是能够随时随地人工起电，这样我们就可以根据自己的需要来制造电流。

最早解决人工起电问题的，是我们之前讲过的德国马德堡市的市长奥托·冯·格里克。

格里克除了对大气压有很深的研究，他在电学方面的贡献也不小。通过多次实验，他制做出一种可以摩擦起电的机器。这台机器可以说是最原始的起电器，其原理并不复杂，只要手握摇柄使一个硫黄球迅速旋转，然后用手或者皮革、布等物体与硫黄球摩擦就能起电。

◆ 莱顿瓶

能够人工起电自然是好，可这又带来一个新的问题。随着人们对电的需求不断增加，总不能每次要使用电都要用起电器重新起电吧，如果是这样，可真是太麻烦了。

所以，各国科学家又投入了如何储存电的研究。一旦能够将电储存起来，就可以在我们需要的时候将其释放出来，这样就方便多了。

荷兰莱顿大学的姆森布鲁克教授率先解决了这个问题。

姆森布鲁克是如何想到用玻璃瓶来储存电荷的呢？历来说法颇多，有偶然发现说，还有助手触电说。但无可置疑的是，他是在大量实验的基础上才制作出了莱顿瓶。这与他坚持不懈的努力和敏锐的思考是密不可分的。

姆森布鲁克在用玻璃瓶实验的过程中，发生了触电现象。

他很快意识到，带电物体如果放进玻璃瓶中，它所携带的电荷并不会立刻失去，而是能够保存下来。虽然他当时没有搞清楚到底是玻璃瓶，还是玻璃瓶中的水起到了储存电荷的作用。但这一发现足以使姆森布鲁克激动不已，因为这意味着人们将有能力储存电荷，而不需要在每次用电的时候都依赖起电器。

实验总是需要付出代价的，特别是电学实验，有时甚至会让科学家付出生命。

姆森布鲁克虽然意识到这次电击意味着电学史上的一次巨大进步，但他本人却表示自己再也不想第二次做这个实验，毕竟被电击的滋味实在不好受。而且，他在向外界公布自己这一重大发现的同时，还警告人们无论如何不要重复他的实验。

然而，科学的进步向来就伴随着风险，那些不安分的科学家又怎么会听从姆森布鲁克的警告呢？继姆森布鲁克之后，科学家针对莱顿瓶进行了如火如荼的研究和应用。

什么是莱顿瓶呢？莱顿瓶本质上是一个简易电容器，可以用来储存电荷，在人们需要的时候将其释放出来。

最原始的莱顿瓶结构十分简单，就是在一个玻璃瓶的内外壁都贴上锡箔，然后在瓶里放置一条金属链。链的上端与一根金属棒的下端连在一起，金属棒的上半部分则暴露在瓶外，最后将一个小球固定在金属棒顶端。

这样，就构成了一个以瓶子玻璃为电介质的电容器。在需要用电的时候，用一个装有绝缘柄的放电叉就可以使莱顿瓶放电。

莱顿瓶出现以后，人们对电的研究兴趣大增。有人利用莱顿瓶做了很多有趣的实验或表演。其中最壮观的恐怕就属诺莱特的“七百修道士实验”。诺莱特让七百多个修道士手拉手站在一起，第一个修道士手握莱顿

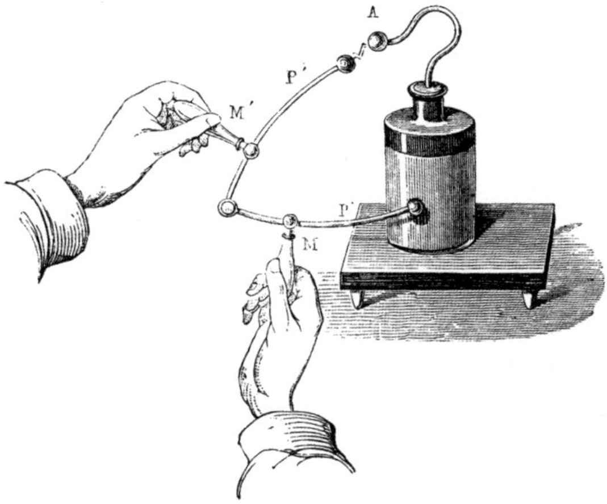

◆ 莱顿瓶的设计原理

瓶，最后一个修道士拿着引线。在诺莱特让莱顿瓶放电的一刹那，这些修道士同时被电击得大跳起来，场面甚为壮观与滑稽。

除此之外，美国科学家富兰克林还利用莱顿瓶将闪电“保存”起来。他在雷雨天气的时候将闪电引到莱顿瓶里，并对其中储存的电荷做了研究，发现天上的闪电所带的电荷与地上电流的电荷性质完全相同！

“天电”与“地电”居然没什么两样，这在当时可是一个了不得的大发现，对人们的固有观念产生了巨大冲击，闪电在人们心中失去了神秘性。

莱顿瓶作为一种电容器虽然可以充放电，却无法持续稳定地进行供电。

其实，任何电容器都做不到这一点，直到电池的出现才让用电器有了稳定的电源。电池和电容器结构不同，运行原理也不一样，虽然二者都可以储存电荷，但电池的优势在于它供电电压较为稳定，而且电流可以持续较长时间。

◆ 2013 年研发的一款便携式充电器

后来的电容器和电池发展都出现了各式各样的种类。看看我们每天都要使用的智能手机，除了电阻式触摸屏外，大部分采用的触摸屏就是利用了电容器的原理，我们在点击屏幕的时候，会导致电容的变化从而确定点击位置。

今天大家都离不开手机的最佳伴侣充电宝，它本质上就是电池的组合，其目的就是为了将电能储存起来以待需要时使用。如果追溯起人类最早的电能储存仪器，恐怕都要追溯到姆森布鲁克的莱顿瓶。

（王小伟）

维多利亚时代的马桶

马桶，我们日常生活中再熟悉不过了。

但是中国人使用马桶的历史并不久远。生活在20世纪六七十年代的人，对马桶的使用是很少的。当时中国的城市化程度并不高，农村生活的厕所叫茅坑。茅草遮掩，挖土为坑。茅坑是没有下水设施的，就是一个储便池。等粪便满了，就有人专门舀出来用其浇地施肥。

化肥紧俏的年代，粪便是最为重要的肥料。即使生活在城市，如果住过筒子楼，你就知道，既没有独立的厨房，也没有独立的厕所。厕所都是公用的。公共厕所里出于卫生考量几乎不可能用马桶。但是这种厕所都是有下水系统的，可以将粪便冲走，不需要进行单独处理。

蹲坑虽然能够保持相对清洁，实际上也有很多弊端。

首先，并不是所有人都蹲得下来。这不是开玩笑，很多西方人都蹲不下来。这种双脚可以脚后跟着地、将臀部完全依托在小腿上的动作，对很多西方人来说是一个很大的挑战。他们一蹲就会失去重心，往后摔倒。实

◆ 古罗马遗址的多姆斯公厕

在要蹲，只能翘起脚后跟，将重力压在前脚掌上。这种唯独亚洲人能轻松驾驭的下蹲方式，被亲切地称为亚洲蹲（Asian Squat）。

另外，蹲坑容易导致人猛起猛蹲。猛蹲对人体排泄器官会造成很大的压力，而猛起则会导致脑部短暂性供血不足，容易导致痔疮和头晕，这对有心血管疾病的人来说有相当大的致病风险。很多老人容易在上厕所的时候出现脑溢血。

目前我们看到建造最为精彩的古代厕所是古罗马时代建造的。

古罗马时代的公厕空间分布呈现圆环状，由大石头围着圆心砌成了深坑，深坑底部的粪池连接活水，可以直接由水冲走。这种办法并没有沿用下来，后来的人们通常挖个污水池来存储粪便，而不是由水冲走。即使到今天，我们中国某些农村地区还有这样的粪池。

到了 16 世纪，欧洲城市人口激增，人的粪便大量增加，粪便堆积如山，光靠自然雨水冲击已经没法解决问题。这时候就出现了专门从事淘粪的人，他们往往在夜间来处理粪便。当时的卫生条件很差，导致很多淘粪工在作业时感染各种疾病。而且粪池堆在露天，蚊蝇滋生，城市的气味难闻，传染病肆虐，实在令人担忧。

如何建立一个更加卫生的城市呢？这个问题直到 19 世纪初才开始被重视。随着工业水平的不断提升和城市化的进一步发展，从 19 世纪中叶开始，越来越多的城市开始尝试建造城市污水排水系统。这种办法逐渐得到了推广，污水池开始慢慢淡出人们的视野。这个变化实际上是缓慢的。我们现在去看伦敦这样的发达资本主义国家大都市，它一方面保存了当年的风貌，一方面又纤尘不染。实际上在“一战”前伦敦这样的大城市也到处都是公共厕所，直到第一次世界大战之后，建筑规范中才确定需要室内厕所。

现在我们家里用的抽水马桶，起源于都铎时代的英国。

当代抽水马桶的一些结构，在那个时候已经基本定下来了。一般包含一个顶置蓄水池、一个“S”形弯头、管道、阀门和一个坐便器，这样就可以利用重力把粪便冲走。即使到今天，我们去欧洲一些国家旅行，那些由历史建筑改造的宾馆里还有这种上面是水箱的马桶。那时候的水压因为没有今天这样的加压泵来调节，只能通过重力调节。最早的水箱都是外置的，直到 1850 年左右，厕所才开始从家外搬到家里。

在 19 世纪 60 年代至 70 年代，整体式抽水马桶开始逐渐走入中产阶级家庭。

厕所的英文词叫 toilet，它实际上起源于法语，字面意思是“美发用

◆ 维多利亚晚期，市场的彩色印刷马桶式样

的披肩”。后来这个意思得到了更广泛的应用，延伸到整个“梳妆、打理的处所”的意思。

所以今天大都市里的厕所，里面总要放一面镜子。厕所放镜子干吗呢？镜子的位置实际上就是一个梳妆台，女生经常去那儿补补妆。厕所英文词为 restroom，有时候也用 bathroom 来表达，这其实都能看出来是一个梳妆整理仪容地方的意思。

可是欧洲这种可以用于梳妆打理的厕所，和我们中国的古代厕所差别挺大的。

中国人对厕所的解释是“厕或曰溷，言溷浊也”。这个“溷”字很形象，有水有圈，里面有一个豚，就是一只猪。

这其实也在提示我们，厕所是一个污浊之地，而且厕所是和猪圈放在一起的。具体在什么位置呢，一般在猪圈的方位，或者前面，因此去厕所出恭叫上厕所。在汉代出土的随葬物里面，我们就能看到，下面猪圈上面厕所这样的布置。为什么要把猪圈和厕所放在一起呢？对于一个农业文明来说，厕所和猪圈放在一起就形成了一个绝佳的堆肥场所。农业嘛，“庄稼一枝花，全靠肥当家。”这样的厕所，今天也许还能在一些农村看到。现代人到厕所里去整理仪容，这对古代中国人来说是不可思议的。

回顾厕所的历史，我们就能发现，马桶的出现的确是人类文明的一个重要技术革新。人们可以坐在精致的瓷器上，在一个充满香薰的、玻璃明亮的地方排泄，远离一切引发不洁和肮脏想象的内容，不得不说，这的确是人类文明时代最为真诚的努力了。

（王小伟）

日本包装纸与印象派大师

说到日本的浮世绘，大家可能并不陌生，最常见的是一幅画着“轻罗小扇扑流萤”的宫女。

另外一个传播度很高的，是日本浮世绘画家葛饰北斋那幅有名的大海扬波《神奈川冲浪里》。如果去过日本，你会发现很多居酒屋都是用浮世绘风格的绘画来装饰。

浮世绘起源于 17 世纪的日本，是一种木版画。之所以叫“浮世绘”，顾名思义，它画的是天下苍生日常生活中的点滴风景等，而不是像文人画那样去画名山大川，借物抒情。

当然，风俗画的意境比文人画差不少。作为版画，浮世绘从一开始就不是为了艺术，而是为了能大宗生产。那具体做什么用呢？日常观赏，或者作为货物的包装纸。

美国黑船来航事件之后，日本国门被列强打开，日本的开放使得欧洲国家开始大量了解这个东方国家。当时，大清帝国虽然闭关锁国已久，但

◆ 印有浮世绘图案的包装纸

茶叶、瓷器、生丝都是欧洲各国热烈追求的货物。

日本人也学得有样学样，开始仿冒大清特产，也在欧洲市场打开了销路。最为有趣的是，当时日本人包茶叶的纸，用的就是浮世绘画。这些浮世绘包装纸慢慢引起了欧洲人的兴趣。

特别是19世纪下半叶，法国艺术家对日本浮世绘的兴趣就特别浓厚，其中就有印象派大师凡·高。那个时候，他还不是大师，他刚到法国，还是个无名小卒。

凡·高出生于荷兰，早起并没有接受过严格意义上的科班美术训练，他的绘画很大程度上仰赖于自学和极高的天分。他曾经在比利时安特卫普皇家美术学院短暂地停留过。

作为世界第五大港口，安特卫普当时有大量来自亚洲的货物。在安特卫普期间，凡·高第一次接触到来自日本的货物，这些东西看起来和欧洲大陆的东西是如此不同，以至凡·高用古怪、难以捉摸这样的词来形容它。

◆ 凡·高画像

1886 年，潦倒的凡·高跑到法国巴黎去投靠弟弟提奥，他开始被巴黎开放的文化氛围所感染，还结识了毕沙罗、塞尚等一大批后来的印象派大师。这些游离于官方审美标准之外的另类艺术家们，当时还没被人称为印象派，但他们对新鲜事物的接受能力非常强。

这时候，凡·高开始主动收集来自东方日本的浮世绘作品，甚至因此举办过小型画展，还临摹过大量的浮世绘作品。在荷兰的阿姆斯特丹有一座专门的凡·高博物馆，里面收集了大量凡·高作品，其中就包括相当一部分凡·高临摹的浮世绘作品。

1888 年，在给弟弟提奥的一封信中，凡·高提到日本艺术有一种原始性的魅力，他觉得日本人就像希腊人，也像传统的老荷兰人那样去作画。可以说他对日本艺术推崇备至。

浮世绘作为风俗画，色彩非常鲜明，画面扁平化，线条明晰。在空间上，日本艺术家经常将他们作品的中间留白，而前景中的物体有时会被放大。画家们也经常排除地平线，使得边缘的人物和景色常常看起来像被人为裁切过一样。

◆ 日本稻田里重现浮世绘名作《神奈川冲浪里》

日本艺术家在浮世绘上的这些视觉创造，被凡·高借鉴在自己的作品中。他追求不寻常的空间效果和强烈的色彩，关注日常物品和自然细节，这使得他的作品充满了异国情调的东方色彩。

凡·高的名画《唐吉老爹》目前藏于巴黎罗丹美术馆。画中老人插手而坐，色彩冰冷，身后温暖的背景中呈现出多幅浮世绘风物。在老人的帽尖上，正是日本鼎鼎有名的富士山。

另外有些学者也愿意拿葛饰北斋的浮世绘名作《神奈川冲浪里》和凡·高驰名中外的《星月夜》做对比。

他们发现，在色彩上两幅画是如此接近，而从构图上看，如果把《神奈川冲浪里》颠倒过来看，几乎就是凡·高的《星月夜》。大面积蓝色的使用和流动的旋涡，使得这两幅画有一种莫可名状的类似精神冲动的感觉。

也许我们可以说，如果没有日本的浮世绘包装纸，很难想象远在万里之外的凡·高会接触日本艺术，会发展出来那样一种独特的绘画语言，使得他能够超越自己的时代，在画面上表现出不落俗套的精神面貌。

这张浮世绘包装纸的远渡重洋，偶然间创造了东西文明的碰撞和交汇，使得西方绘画突然间具备了一种外部性、能够反观自己的处境。

当然，我们不能说浮世绘比印象派作品更高明，只能说它是一种灵感之源。而凡·高的工作，使得浮世绘焕发出一种新鲜的生命力。这与其说是西方向东方的借鉴，不如说是现代向原初的借鉴。前现代人的精神趣味得以透过他们的艺术作品，穿越历史，哪怕是一份朴拙的包装纸，也能令人得到灵魂的升华。

随着现代艺术的发展，包装纸这个批量生产的印刷品，后来又在波普运动中再次找到了自己的独特位置，并催生了完全不同凡响风格的作品。

包装，作为一种人类伟大的技术发明，早已超出它的实用性需要，不断给人带来了无数的惊喜和念想。

（王小伟）

两小时的专利之争：贝尔的电话

现在，我们每天都使用智能手机，简直难以离手。不知你有没有想过，最初的通信工具是什么样的？

人类最早的通信起源于何时已不可考，但可以确定的是，在古代人们的通信效率极差，诗词中有所谓的“鸿雁传书”，写信几乎成了长途通信唯一的方式。同时，书信所能承载的信息量有限不说，传递起来也颇费周折，因此杜甫才说“家书抵万金”。

电话的出现改变了这一切，从此人们有可能在短时间内完成远距离双向交互通信。开启这一技术的便是本章要讲到的人物，他就是亚历山大·贝尔。

◆ 发明家亚历山大·贝尔

其实早在贝尔之前，莫尔斯已经发明

了电报机，并设计出大名鼎鼎的莫尔斯电码，用电实现远距离、高速传递信息的理想终于得到了切实的应用。但是电报的弊端明显，不仅在传递过程中手续繁杂，而且传递不及时，要等对方回应往往需要很长时间。

◆ 莫尔斯电码发射机

贝尔显然并不满足于依靠电报传递信息，他始终在试图改进通信技术。不过，电话的发明不是贝尔一个人努力的结果，它背后凝聚着无数科学家和发明家的汗水与智慧。

在电话发明权这一问题上，至今仍有争议。我想，至少有两个人不会同意电话是贝尔发明的：一个是意大利人安东尼奥·梅乌奇，另一个则是美国人伊莱沙·格雷。

先说梅乌奇，他可以说是老前辈了。

早在 19 世纪 50 年代，梅乌奇就开始了自己的电话研制工作，他设计的“会说话的电报机”，在当时已经可以实际投入使用。可惜的是，由于经济窘迫和过早离世，梅乌奇在专利权的争夺上败下阵来。

再说格雷。在贝尔向专利局提交专利权申请的两小时之后，格雷也向专利局提交了自己对电话专利权申请。有些事偏偏就那么凑巧，正是由于这短短的两小时之差，法院最终判定电话的发明权属于贝尔。

虽然如此，我们依旧不能忘却梅乌奇和格雷这两位先驱对电话发明所做出的巨大贡献。

贝尔发明的电话由受话机和送话机组成。

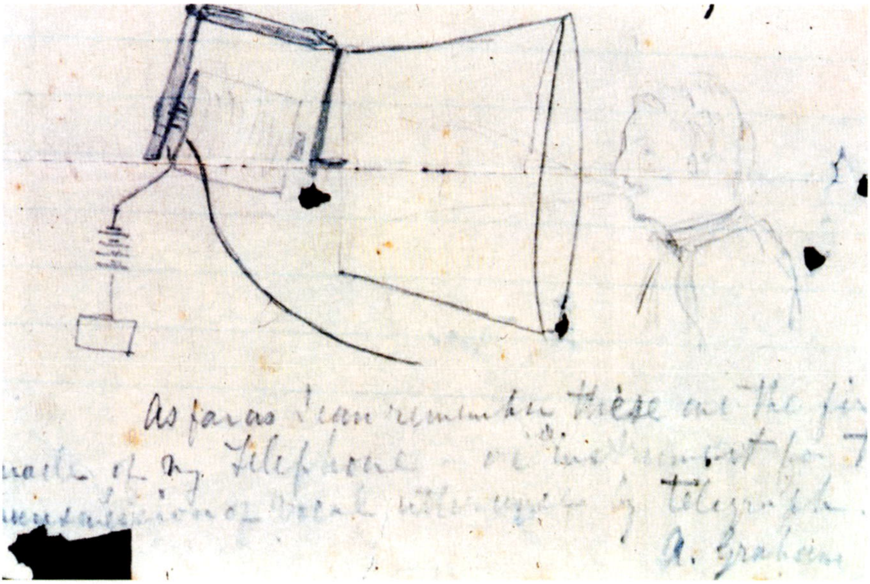

◆ 1876 年，亚历山大·贝尔发明的电话示意图

人们通话时发出的声音在空气中产生震动，这种震动可以传输到固体上。由于声波的震动，位于圆筒底部的薄膜也就随之震动。薄膜震动导致电阻改变从而使电流发生变化，最后在接收处利用电磁原理就可以将电信号再转变为语音。

一开始，声音传输效果差强人意，随着贝尔坚持不懈地努力改进，电话终于具备了实用商用价值。

随后，贝尔建立了自己的电话公司，将电话这一发明推向大众。通过出租电话机和电话线收取使用费，贝尔实现了电话的商用化，美国一些普通家庭开始装设电话。随着电话的价值逐渐被越来越多的人认可，它的优势也越发凸显。

电话可以实现远距离即时通信，却始终要拖着一根电话线才能完成这

◆ 1876 年贝尔发明电话

一切。电话线铺不到的地方，自然也就没办法建立通信系统。要想摆脱电话线的限制，就必须依赖无线电话通信技术的出现。可能大家以为在电话出现很长一段时间以后才出现移动电话，事实并非如此。

早在摩托罗拉将移动电话推向商用之前，贝尔实验室于 20 世纪 40 年代就已经研制出了移动电话的雏形。只不过当时的移动电话非常笨拙，体积庞大，还没有太大的商用价值，它最初只是应用在战争中。

摩托罗拉的贡献，在于改进了无线通话技术，从而将移动电话推向商用。

1973 年，马丁 · 库博在摩托罗拉的实验室里研制出了世界上第一个可以投入商用的移动电话。

他为此还建造了手机基站，制造了天线，从而一个完整的移动通话系统被建造起来。他用自己设计的手机给竞争对手贝尔实验室的一位科学家尤尔·恩格尔打电话，激动地告诉他自己设计出了第一个真正的手提电话！

这次通话成为世界上第一次由移动电话参与完成的通信，标志着人类进入第一代移动通信的新时代。

现在，移动通信已经深刻地改变了人们的生活方式。第一代移动通信出现的时候，我们能想到的只是用它来接打电话。

第二代移动通信除了可以发短信，似乎也没有对人们的生活产生多少变革性的影响。

然而第三代移动通信技术已经可以实现无线通信与国际互联网等多媒体通信结合，除了声音和文字，还可以很轻松地传输大量图片以及视频信息，智能手机的功能得到了极大拓展。

对于第四代移动通信技术，大家最明显的感受恐怕就是网速明显提升。除此之外，4G 可以给我们带来更多的增值服务，并且具有更强的技术融合性。

现在，我们面临着第五代移动通信时代也就是 5G 的来临。可以说，5G 带来的影响绝不仅仅局限于网速的提升，它对整个人类社会的改变将会渗透到方方面面。例如，通过 5G 我们可以实现万物互联，网络的终端“用户”将不仅仅局限于人，每一个社会存在物都有可能成为网络的终端“用户”。

第五代移动通信技术的发展将会导致整个人类在政治、经济乃至军事领域发生哪些变化呢？可能大家都在拭目以待。

（王小伟）

电影的发明：卢米埃尔的摄像机

看电影，已经是今天最平常的事了。

现在的电影不仅有 2D 的，还有 3D 的，甚至 5D 的，场景越来越接近现实世界。世界上第一部电影与此相比，不可同日而语。

世界上第一部电影《火车进站》出现的时候，它完全称不上好，甚至都算不上今天所认为真正的电影——没有完整的故事情节，没有声音，画质模糊，甚至时长不超过 1 分钟。

尽管如此，当这部电影在一个咖啡馆地下室首映的时候，瞬间在当时的巴黎引起轰动。人们根本无法想象，动态的生活图景可以像记录文字一样被记录下来。第一天上映时，只有 30 多位观众，第二天一下子暴涨到 2000 多人。

当影片放映到火车进站的画面时，惊慌失措的观众们尖叫着，纷纷离座躲避火车，生怕会轧到他们，以致每次放映前工作人员都要再三声明："不要跑，火车不会冲出来的！"

◆ 2017 年 5 月 20 日，青岛电影博物馆开馆首日，市民观看世界首部电影《火车进站》

由于观众拥挤，警察不得不前来维持秩序。每天放映 18 场，还满足不了人们的好奇心。电影这么火爆，让它的发明者也赚得盆满钵满。

那么，引起如此轰动的电影的发明者是谁呢？就是法国的卢米埃尔兄弟。

卢米埃尔兄弟此后又陆续摄制了多部影片，题材也多种多样，有纪实类的新闻片、纪录片，也有让观众哈哈大笑的喜剧片，其中最著名的喜剧片当属《水浇园丁》。

《水浇园丁》讲的故事简单却很有趣：一个小孩淘气地用脚踩住了正在浇水用的水管，水管被踩停喷，园丁不知道出现了什么故障，仔细端详水管口和周围检查，结果这时小孩松开脚，水突然从水管里喷射出来，溅了园丁一脸。

◆ 1896 年的广告画，内容是人们在看卢米埃尔兄弟摄制的短片《水浇园丁》

这其实是一个非常无厘头的剧情，观众们被逗得前仰后合，有点像今天我们在快手、抖音上看短视频傻乐一样。

当时热衷于影片的拍摄和放映的，除了卢米埃尔兄弟，还有另一个法国人梅里埃。

卢米埃尔兄弟像是现实生活的记录者，喜欢捕捉现实中的生活画面。而梅里埃更倾向于记载舞台上已经加工过的虚构生活场景。沿着这两种不同的创作方式，影片逐步分化成了故事片和纪录片两种不同的形式。

卢米埃尔兄弟除发明了电影以外，还发明了电影摄像机和放映机。1894 年，当时的大清帝国正与日本打甲午战争，而在遥远的法国，卢米埃尔兄弟发明了世界上第一架轻便的手提“活动影戏机”，这被称为卢米

◆ 位于俄罗斯叶卡捷琳堡的卢米埃尔兄弟雕像

埃尔摄影机。

有趣的是，卢米埃尔摄影机比我们现在使用的专业摄影机小很多，它像一本厚厚的大字典，由一大一小两个木制盒子组成，小盒子立在大盒子的上方，大盒子是整个摄影机的心脏，小盒子用来装胶片暗盒。

一台摄影机还需要一个重要的部件，就是安装在大盒子前方的摄影镜头，它就像我们的眼睛，看到你就拍下你。如何让这台摄影机拍出电影呢？那就要靠安装在大盒子后面的一个细长的手柄，它是整个摄影机的动力所在。

也就是说，这台卢米埃尔摄影机是手摇驱动，现在的摄影机都是电力驱动。当我们均速地转动手柄，这时摄影机的心脏就开始工作，暗盒里的胶片开始传送，摄影镜头这个黑黑圆圆的“眼睛”就对准你，拍出关于你

◆ 1897 年 3 月，卢米埃尔兄弟在巴黎建成了第一个固定的电影院

的电影画面。

电影拍摄完成后我们怎样才能看到自己拍摄的画面呢？这台卢米埃尔摄影机配有放映镜头，将摄影镜头更换为放映镜头，再由放映灯照射胶片，将影像穿过镜头，就可以在大银幕上看到拍摄的画面了。

但卢米埃尔摄影机并非完全原创，它综合了当时各种技术和其他电影装置的优点，改造而成。比如它利用“针孔成像”原理制作出“黑箱”，参考过 17 世纪耶稣会教士基歇尔发明的“魔术幻灯”，当然还利用了当时日渐成熟的照相技术等。

值得一提的是，这一系列对光的研究和运用，为后来照相技术以及摄影技术的发展奠定了基础。

如果说最早留住“时间”的是照片，那么电影就是留住了生活。

电影的发明可以说是人类文明发展史上的一大壮举，是艺术与科技最佳结合的产物，它与人类历史上其他艺术的表现手法完全不同，被誉为是诗歌、音乐、舞蹈、美术、建筑和戏剧之后的“第七艺术”。就它对人类精神世界的影响而言，电影无愧于这个称号。

（王小伟）

文学家的工程师之梦：林语堂的打字机

林语堂，大家都知道，他是现代著名的文学家。他的小说《京华烟云》，可能不少人都看过。

他中英文皆通，曾先后两次获得诺贝尔文学奖提名，作为一位才华横溢的文学家，他得到了国内外的一致肯定和赞誉。

但是，鲜为人知的是，在文学家身份之外，他其实还藏着一颗执着的工程师之心，他一直心心念念要发明中文打字机。

从文学跨界到物理学，这发生在林语堂身上，一点都不意外。早在童年时期，他就表现出对机械的痴迷，小学时他曾尝试发明自动灌溉机，中学时又差点被一幅活塞原理图吸引去做物理老师。

◆ 林语堂画像

林语堂曾说："一点痴性，人人都有，

或痴于一个女人，或痴于太空学，或痴于钓鱼。痴表示对一件事的专一，痴使人废寝忘食。人必有痴，而后有成。”林语堂痴迷什么呢？就是刚才说的，发明中文打字机。

他毕业回国后，曾在多个大学任教。在大学里，他白天忙着教授文学，业余时间投入大量精力鼓捣各种机械小玩意儿，梦想发明一台“人人可用、不学而能”的中文打字机。

早在19世纪初，世界第一台打字机就出现了。19世纪60年代，美国人肖尔斯将打字机改造成为最终的样子。经过雷明顿、奥利维帝等公司的推广，打字机最终风靡全球，成为两百年来的时代记忆。

打字机在攻城略地占领全球市场时，不断将不同的语言纳入自己的体系。东方最古老的语言汉语却成了另类，作为象形文字的汉字，与打字机的原理格格不入。打字机的原理是什么呢？它使用机械连杆，敲击一下按键，机械结构就会将铅字模抬起来，敲打墨带，最后在纸上留下文字。这种一个按键对应一个字母的设计，面对有上万汉字的汉语，实在是无能为力。

当时的西方人，要么想象中文打字机是一个占满两个房间的庞然巨兽，需要好几个人同时合作才能完成汉字的打印；要么干脆说“汉字打字机，想想就让人头疼”。

而且，随着西方对古老中国的侵略和对东方人的偏见歧视，不少西方语言学家，甚至包括黑格尔都认为汉字是一种进化不完全的语言，落后于使用音节系统的西方文字。

不过，中国人并没有放弃，一代代人都在尝试解决中文打字机的问题，林语堂便是其中之一。

他希望能改变这一点，让中国人也能用打字机打出自己的语言。林语堂创新性地发明了“上下行检字法”，使打字机不再需要将每一个汉字都排列上去。这种“上下行”系统，可以说是今天中文输入法的鼻祖，它具体怎么操作呢？

它是把汉字分为左上部和右下部两个部分，不考虑字的发音、笔顺，只关注几何学上的高低。以左边偏旁的最高笔形及右边最低笔形为原则，用窗格显示首末笔。

简单来说就是，林语堂通过机械结构实现了一套检索输入法，通过按下两个按键，机器内部的滚筒会将八个候选字提供给打字员。打字员通过一个玻璃小窗可以看见候选文字，最后按下数字选择需要的字，就可以将这个字打印在纸上。这个方法，今天习惯使用五笔输入的同学是不是觉得很眼熟？

林语堂将这种打字机命名为“明快中文打字机”，以 72 键取代了老式中文打字机庞大的字盘，每个字只按 3 键即可，每分钟可打 50 个字。

它不需要经过复杂训练，任何人在获得指导后都可以进行操作，熟练后可实现盲打。这在当时已经是一个不小的进步，相对于之前的中文打字机快捷了不少，在当时可谓一项革命性的创举。

这种创造性的想法难能可贵，但要想将其付诸实践量产可不是一个简单的事情。林语堂使用的很多设计，机械结构极其复杂，很多零件都必须手工制作。在当时已经高度机械化的美国工业社会，手工制造的费用特别昂贵。但林语堂始终没有放弃，为了能尽早将设计图变成实物，他甚至不惜将自己多年来的积蓄都投入打字机的生产当中。

1931 年，林语堂赴英国参加一个会议，随身就带着一份未来中文打

◆ 台北阳明山林语堂故居桌上的打字机

字机的蓝图。在英国，他雇一位工程师来帮助开发机器原型，结果他远远低估了这台打字机的开发成本，不得不把所有的积蓄都花在了这个项目上。林语堂很快钱花光了，只好带着一个未完工的样机回到中国。

1945 年，林语堂完全放弃文学创作，把时间都花在解决打字机的日常问题上。他不愿费心去争取外部资金，试图完全依靠自己来解决。每天早上 5 点起床，就开始在办公室里工作。一边抽烟斗，一边画图，在键盘上排列字符，直到深夜才休息。林语堂的女儿记得，当她母亲看到他们的积蓄流失时，非常难过焦虑。在完成原型之前，林语堂的钱又花光了，随后开始向出版社朋友和银行贷款来继续制作样机。

样机制造出来后，美国雷明顿公司表示对林语堂的中文打字机有兴趣，这让林语堂欣喜若狂。他和公司约好，要在雷明顿公司的曼哈顿办事处当众演示自己的打字机。然而关键时刻掉了链子，当林语堂向雷明顿公司的高管们示范如何打字时，不论怎么敲击打字机就是没反应，根本打不出字。可以想象当时的林语堂多么紧张，难道多年的心血就要功亏一篑了吗？

经过几分钟的调试，打字机还是无法正常打字，林语堂向大家道歉后只好尴尬地带着打字机离开了。幸运的是，当他回到家找来工程师修理时，工程师只做了一点小小的调整，就让机器重新工作了。

林语堂到处找公司希望能量产，却发现没有一个公司愿意生产他的打字机。原因很简单，这些公司经过研究，发现林语堂的打字机结构复杂，这意味着即使量产，这台打字机的零售价也必须超过 1000 美元，这在当时是一笔极大的钱。这个价格比当时市面上任何一台打字机都贵，根本不可能有市场。而且，当时中国正值内战时期，精明的商人们不愿对一种销售市场不稳定的商品大量投产。

为了研发打字机，林语堂花光了自己的积蓄，彻底破产了。为此，他重操旧业，又开始用英文打字机写起了小说，希望能还清债务。人生就是这么奇特，甚至有点荒唐。林语堂在写作上游刃有余，蜚声海外，而研发打字机，苦心孤诣，却功亏一篑。

一直到 1978 年他去世，林语堂都没有看到凝结自己大半生心血的“明快中文打字机”上市流通。

直到 1985 年，林语堂女儿林太乙授权台湾神通电脑公司，将林语堂发明的“上下形检字法”应用于电脑产品，并获得了成功。神通公司将这种电脑输入法命名为“简易输入法”。在 20 世纪 80 年代，它被称为最佳中文输入法。

◆ 厦门鼓浪屿林语堂故居

当年，这种计算机推出时，厂商甚至打出“两个钟头学不会，请吃一碗牛肉面”的广告语，可见它有多么简便、易学、实用。而那时，林语堂已经去世 9 年了，他并不知道他的梦想终于成真。

简易输入法至今仍是海外使用最普遍的中文输入法之一。这是林语堂在文学作品之外，不惜倾家荡产留给中文世界人们的一笔最宝贵的财产。

（王小伟）

索尼公司成功记：日本技术立国的『缩影』

今天的消费电子领域，有一家龙头公司，总能以各种黑科技让大家惊叹不已。

喜欢数码的人提到这家公司时，都会默契地来一句：索尼大法好。索尼公司是如何一步步发展到今天，不仅成为日本乃至于世界消费电子领域翘楚的呢？

故事也要从“二战”结束后的日本说起。

战后的日本，满目疮痍，本土全部财富的五分之二毁于战争，各大工厂也因为轰炸而被摧毁殆尽。仅在战争结束后的两个月内，全国就有1300万人失业。此外，日本全国有119座城市化为废墟，毁于战火的房屋达到236万栋，仅本土平民就有66万人在盟军的空袭中丧生。可以说，整个国家已经陷入经济崩溃的边缘。就是在这样的情况下，日本举步维艰地开始了经济复苏的过程。

为了尽快恢复经济，民主化改造后的日本政府制定了一系列有利于民营企业发展的政策。在盟军的监督下，日本政府解散了许多垄断财阀，拟订了一系列有利于重工业和新兴产业发展的优惠政策和发展计划，大力引进外资，促进出口，这一切为日本的经济复苏奠定了基础。

◆ 1973 年在日本东京，索尼公司的总裁兼联合创始人盛田昭夫

1950 年，与日本隔海相望的朝鲜半岛爆发了战争，这为日本的复兴带来了难得的机遇。为了支持前线，美国将大量订单交给了日本，促成了日本战后经济的第一次起飞。

就这样，政府的扶植加上战争带来的订单，让日本众多企业如雨后春笋般发展了起来。索尼公司的前身——东京通讯公司就是在这样的背景下建立并发展起来的。

东京通讯公司创始人有两人：一个叫井深大，一个叫盛田昭夫。

在人们心中，盛田昭夫名气更大一些。毕竟当年的启动资金是盛田昭夫他爸出的。盛田昭夫算是个富 N 代，不过他对家里的清酒生意没啥兴趣，就喜欢鼓捣电器，于是在好朋友井深大的撺掇下，出来创业了。盛田昭夫和井深大一合计，井深大负责搞技术和产品研发，盛田昭夫负责销售和企业管理。从此开始，两个人合作了 50 年。

当时东京通讯公司的主业是制造收音机等电器，但第一代产品竟是一个电饭锅。现在索尼博物馆里还有这么一个原型，从外面看上去，很像一个木质的饭桶，桶底有一些电热丝。这个产品在市场上不怎么成功，据说还引发过火灾，现在索尼自己也很少提及这事儿了。

但他们生产的收音机在日本国内市场上很受欢迎，成为这家公司的头牌热销产品。然而，他们知道，一个企业的成功不能只依靠某一种产品在市场上的一时火热，而要有长远发展的战略眼光。最关键的，就是要让产品在技术上保持领先优势，才能在长期的市场竞争中超越同类产品，使企业立于不败之地。

就收音机来说，当时市面上流行的大多使用一种叫作真空管的元件。当时人们认为，真空管用得越多，机器的性能就越好。但是采用真空管元件的收音机有着重大缺点：体积大、温度高、寿命短。因此，收音机的功能越多，性能越好，体积就越大，故障率越高。

一天夜里，井深在介绍行业科技发展最新动态的杂志上看到一则报道，说美国人发明了一种被称为晶体管的新技术。井深敏锐地注意到了这项技术发明的商机。

第二天一大早，井深就迫不及待地将这个消息告诉了盛田。两人一致认为，如果用这种新技术生产收音机，一定可以制造出高性能的超小型收音机。它不仅寿命长，而且还能够随身携带，这样的产品一定会受到市场的热烈欢迎。他们都觉得，机不可失时不再来，必须立即着手引进这项新技术。经过商议，最后决定由盛田昭夫亲自前往美国和欧洲国家跑一趟，进行实地考察和洽谈。

盛田的第一站是纽约。他看到在街边的商店里，各种商品琳琅满目，应有尽有。他完全被美国的发达和繁荣征服了：“想在这样的一个发达的国度推销我们公司原来的产品，简直是开玩笑啊！”

随后的欧洲之行中，德国经济快速复苏的情景又让盛田深感焦虑与不安，使他心里更加坚定了用新技术求得市场突破的念头。

为了更快地赶超欧美国家，盛田花费大价钱买下了晶体管新技术的专利。回国后，整个公司立即投入将新技术应用到收音机生产的研究中。

公司的技术人员每天都聚集在堆满资料的办公室中，讨论如何修改原有的生产工艺，并将有前景的方案拿到工厂去实验。他们提出很多种新的生产工艺，经过多次尝试后，实验终于取得了较为理想的进展。在盛田等人的支持下，适合收音机使用的小型晶体管元件终于研制成功了。

与之前的真空管收音机相比，晶体管收音机小巧得多，性能也好很多。新型收音机投放市场后，很快就在国内获得巨大成功。这款收音机仅仅是东京通讯公司打开更大市场的敲门砖，更大的成功还在后面。

为了更好地拓展海外市场，1958 年，东京通讯公司改名为索尼公司。

索尼在进入美国市场之初，名气很小。当时，美国的钟表公司布洛瓦公司声称，如果索尼用他们的商标出售索尼产品，就订购 10 万台半导体收音机。

对于举步维艰的索尼来说，这无疑是一笔求之不得的大买卖。但是盛田断然拒绝了，他向布洛瓦的代表断言：不出 50 年，索尼就会和贵公司一样驰名。结果，这款采用最新技术的收音机，零售价格仅为 29.95 美元。由于其物美价廉，在美国受到极大欢迎，短短一年之内就出售了数十万台。

两年之后，索尼就成为第一家在美国股票市场上市的日本公司。

从晶体管收音机开始，索尼公司凭借着注重科技发展的优良传统不断地创造出一个又一个足以改变人们生活的发明：小型电视，激光电唱机，便携式家用录像机，随身听……这些采用最新技术成果的世界领先产品不断推出，使得索尼公司成为业界翘楚。

到今天，索尼公司远远地超越了当年的那个布洛瓦公司，与通用电气、飞利浦、西门子这些西方一流大企业并驾齐驱。索尼成了日本乃至世界制造业先进水平的象征。

索尼公司的经历不过是当时日本众多企业通过技术创新取得成功的一个缩影。丰田、奥林巴斯、松下、夏普……一个个日本企业在战后的30年中不断发展壮大。

是什么原因使得日本企业获得了如此巨大的成功呢？我想，这不仅应归功于企业家的进取精神，日本政府也为民间企业的发展提供了充足的保障。

就在索尼准备进军海外的1954年，日本政府开始推行“日本生产力

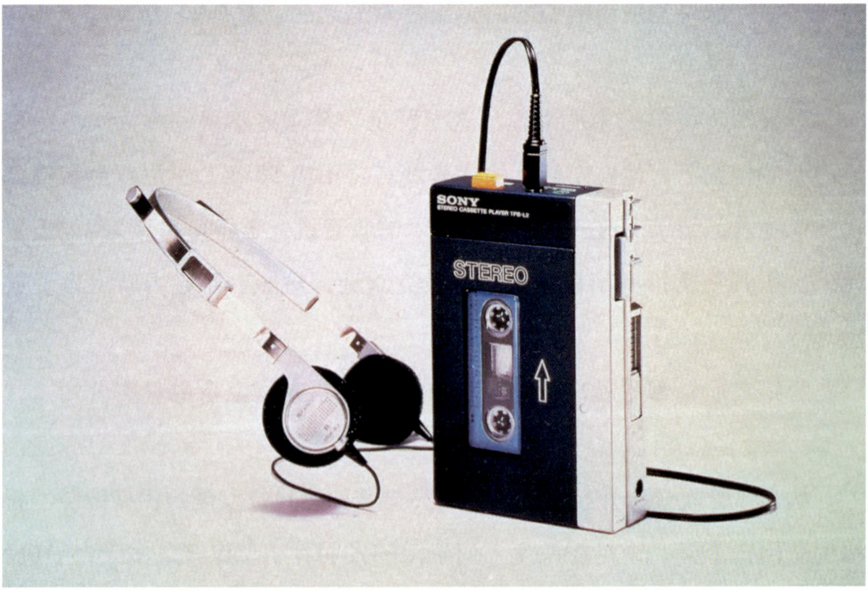

◆ 1979年7月1日，世界上首台Walkman随身听索尼TPS-L2诞生

中心”计划，在几乎每一个主要城市都建立了专门用于培养企业家的资讯中心，这种机构有点像我们今天所说的孵化中心。它为社会中有企业家梦想的人们提供有关国外先进技术与理念的信息，只要有需要，任何人都可以在这里寻求帮助。此外，政府还使用国家银行对经过考核有竞争力的企业提供低息贷款和发展引导。

◆ 美剧《生命的事实》第三季中带着耳机用随身听听歌的一幕

政府的支持，加上企业家们的进取心，极大地加强了日本企业的国际竞争力，使得日本经济在战后短短的20年时间里，迅速崛起。成百上千家日本企业如雨后春笋般异军突起，并在随后短时间内就占领了世界市场。

据统计，截至20世纪70年代，日本每一万人中就有21名科研人员，比例仅次于美国。国家对科技进步的重视也使得日本民用科技极其发达，在机械制造业、光学仪器业、电子业、造船业、汽车制造业等多领域开始处于世界一流水平，日本国民的人均收入也翻了将近两番，国民收入的提高反过来又大大促进了日本企业的生产。从70年代开始，汽车、电视、空调等大件商品也逐渐走入日本寻常家庭。

1980年，日本政府更制定了技术立国的方针，将企业的核心竞争力进一步明确为先进的技术。日本企业逐渐在80年代占领了世界范围内家用电器、汽车、计算机等产品的大部分市场份额。可以说，注重自主科技的发展和品牌的价值，加上企业家的努力和政府的正确战略，成就了日本企业在20世纪下半叶的辉煌，使日本能在战后短短30年的时间里实现经济的腾飞。

回望日本战后半个世纪的发展政策，与中国改革开放后尤其是现在的科教兴国政策何其相似。相信在接下来的几年、几十年内，国内的硬核科技公司会越来越多，我们国家也会有更多像“索尼”这样的企业走出中国，走向世界。

（韩毅）

个人电脑的神话：乔布斯的苹果Ⅰ计算机

自从有了乔布斯，“苹果”这个词就不再只是指一种水果。随着苹果电脑的持续畅销，乔布斯也被粉丝们抬上了神坛。

但可能很多人不知道，“苹果之父”乔布斯其实基本上是个技术盲。他年轻时还曾经一度出现精神危机，去印度听苦行僧上课。他整天也不喜欢穿鞋，还使用致幻剂。但正是这个嬉皮士，为家用计算机的普及做了不可磨灭的贡献。这说起来有点不可思议。

但计算机的普及，显然不是乔布斯一个人的功劳。

如果要追溯计算机的起源，大致有2000多年的历史。这不是我瞎说的，在美国硅谷的山景城有世界上最大的计算机博物馆，就有这样一句标语：The First 2000 Years of Computing（计算机2000年发展史）。

为什么说有2000年呢？因为科学史专家把中国的算盘当成最早的计算机了。

◆ 2010 年 7 月 30 日，美国马里兰州电脑博物馆展出 20 世纪早期的计算器

但算盘有个很大的问题，当数据越来越多的时候，可能手指都要拨烂才能算出一个结果。而且要是中间手抖不小心拨错算珠，一切都得从头来过。

为了解放双手，机械计算器应运而生，不过这计算器也方便不到哪儿去，只是将算盘中需要手指提供动力这个操作，交给了一个能控制齿轮运转的手柄而已。一旦数据复杂，对机械的要求变高，那个时候的工艺水平就很难做到了。

随着电气时代的到来，两个关键人物打开了电子计算机的大门。

第一个是图灵，他在 1936 年提出了一种抽象计算模型，用机器来模拟人们用纸笔进行数学运算的过程。

另一个就是德国飞机工程师克兰德·楚泽。就在图灵提出这个计算模型的同一年，楚泽因为受不了每天重复用同样的公式计算数字，一气之下辞职，自己在家研究能帮助完成这些重复工作的机器。凭借一人之力，楚泽研究出来了由电驱动，同时依靠程序自动控制的计算机—— Z1。

Z1 的运算精确度不高，它最大的贡献在于第一次使用了二进制。

研究 Z1 的时候，楚泽对图灵的数学模型完全不了解。后来，楚泽才制造出能够实现图灵数学模型的计算机 Z3。

Z3 这种用编程把复杂逻辑变成简单运算的电子计算机，是计算机史上的重大突破，它不需要任何外力支持，就能够做到自动运算。可以说，今天所有的电脑都是基于楚泽的设计原则。

在这之后才出现了大家课本中学到的世界第一台通用计算机 ENIAC（埃尼阿克）。

ENIAC 最初是美国军方用来处理弹道计算问题的。这台计算机重达 30 吨，占地差不多 140 平方米。它的计算能力比之前的计算机快上千倍，加法运算能做到每秒 5000 次，放到现在也仅仅是智能手机的百万分之一而已。

这台庞然大物一样的计算机，完全无法量产被普通人日常使用。

改变这一切的，正是乔布斯。

他预感到了个人计算机时代的到来，和他的好友史蒂夫·沃兹尼亚克和罗纳德·韦恩一起创办了“苹果电脑公司”（后更名为“苹果公司”）。在三个人的共同努力下，他们推出了苹果公司的第一款个人计算机 Apple Ⅰ，也就是后来闻名于世的苹果第一代计算机。正是这台计算机，掀起了个人计算机的狂潮。

然而，Apple Ⅰ并不是世界上第一台个人计算机。在 Apple Ⅰ问世之前，就已经出现了不少体积只有旅行箱般大小的计算机，可以放在家里或

◆ 乔布斯和沃兹尼亚克在第一次西海岸计算机展览会上

者办公室供个人使用。

应该说，这些计算机都可以算是今天个人计算机的始祖。其中最具代表性和影响力的便是爱德华·罗伯茨 1975 年推出的 Altair 8800（牛郎星 8800），这款计算机后来被业界公认为世界上第一台个人计算机（PC），罗伯茨也被称为“个人计算机之父”。

当时，美国有一家叫“家酿”（Home Drew）的计算机俱乐部，聚集了很多计算机发烧友。

在一次聚会中，俱乐部成员在一起讨论牛郎星 8800，大部分人都赞叹牛郎星 8800 的精巧与紧凑。然而，有四个人敏锐地捕捉到了牛郎星 8800 的缺陷。这四个人是谁呢？其中一个人的名字叫作保罗·艾伦，也许大家对这个名字并不熟悉，可说起他的合作者，那就无人不知无人不晓了，他就是后来微软公司的创始人之一的比尔·盖茨。

看出牛郎星 8800 缺陷的不是四位吗？还有两位是谁呢？便是乔布斯和沃兹尼亚克。

沃兹尼亚克是一个正儿八经的技术发烧友，他觉得牛郎星 8800 操作起来太不方便了，立志要制造出一台操作更为方便的计算机。乔布斯则说：沃兹你来造，我来帮你卖。就这样，两个人一拍即合，开创了属于个人计算机的新时代。

很多人把苹果产品的成功归功于乔布斯一个人，而忘了苹果公司还有沃兹的存在。其实，沃兹作为联合创始人，同样具有举足轻重的作用，有时甚至可以说是决定性的。如果没有沃兹的技术支持，乔布斯就算再厉害也难免会陷入巧妇难为无米之炊的境地。

但沃兹生性内向，不善与人交际；而乔布斯的优势正在于他口才流利，极适合产品推销。正是这种优于常人的交际和推销能力，为苹果公司拉来了第一个订单。如若没有乔布斯，也许沃兹制造出来的 Apple Ⅰ就会成为车库里的一堆废铁。

这样性格迥异的两人，一个擅长研发，一个擅长推销，让苹果公司从一个辉煌走向了另一个辉煌。

最初，Apple Ⅰ的销售过程并没有那么顺利，第一个订单虽然只有 50 台，也是乔布斯费了九牛二虎之力才拉来的。

购买方保罗·特雷尔要求的是组装好的电脑，而乔布斯交付的 Apple Ⅰ与其说是一台电脑，不如说是一堆装配好了所有芯片的电脑主板。即便如此，特雷尔还是当场支付了货款。正是这笔货款，让初创的苹果公司赢得了第一桶金。

◆ 2021 年，一台罕见的尚能运行的 Apple I 电脑高价售出。这台电脑搭载了苹果创始人乔布斯和助手史蒂夫 · 沃兹尼亚克在 1976 年设计的 200 块主板之一。

虽然与现在的 MacBook 相比，Apple I 有很多不足，但与当时的其他电脑相比，优势依旧明显。

当时大多数的电脑没有显示器，Apple I 却以电视作为显示器；当时电脑开机往往需要很长时间载入程序，沃兹尼亚克为 Apple I 编写了 BASIC 解释器，还设计出磁带存储器，使 Apple I 一打开就可以迅速进入备用状态。此外，这台电脑还更小巧、更便携，使用的微处理器也更便宜。

在 Apple I 之前，市面上的计算机都是商用的，且体积庞大，价格相当昂贵。Apple I 的出现使得计算机价格大幅降低，计算机可以真正进入普通家庭之中。

此后，沃兹尼亚克成功设计出比 Apple I 更先进的 Apple II。Apple II 重新设计了显示界面，不但能显示简单的文字，还能显示图像，甚至显示色彩，并且有一个改良的外壳和键盘。

Apple II 大获成功，被广泛誉为缔造家庭电脑市场的产品，到了 20

世纪 80 年代已售出数百万台。当苹果在 1980 年上市的时候，他们募集的资金比 1956 年福特上市以后任何首次公开发行股票的公司都要多，而且创造的百万富翁比任何历史上的公司都多。在五年之内苹果公司就进入了世界公司五百强，这是当时最快的纪录。

随着苹果产品的相继推出，从个人电脑、笔记本电脑到平板电脑，苹果公司创造了一系列商业和技术神话。计算机终于走进千家万户，不但极大地提高了生产效率也丰富了人们日常生活，甚至改变了人类生活方式和交流方式。

今天的计算机，造型如此轻薄，运行速度如此之快，这在图灵和楚泽之前，或者在苹果之前，是万万不敢想、也是想不到的。

（王小伟）

文明的故事

工业大革命

THE STORY of CIVILIZATION

卢德运动：手工业与机器生产的对抗

前面我们讲过，为人类科技带来革命性突破的科学家牛顿、莱布尼茨、格里克的发明创造，也讲过大航海时代商业的大发展，国王的权力被约束，资产阶级的出现与壮大，这一切都为工业革命的到来准备好了条件。

工业革命，更准确地说第一次工业革命，从 18 世纪 60 年代，一直持续到 19 世纪三四十年代。

工业革命最核心的内容，就是出现了一系列人们前所未见的技术发明，这些技术不再是为了满足人的好奇心和求知欲，而是真正地运用到提高生产力上。

在这段时间里，人类生产逐渐转向新的制造过程，出现了一个新的趋势：机器逐渐取代人力、兽力，大规模的工厂生产逐渐取代之前的家庭手工作坊。

在瓦特改良蒸汽机之前，整个生产所需动力依靠人力、畜力、水力和风力。伴随蒸汽机的发明和改进，工厂不再依河或溪流而建，很多以前依赖人力与手工完成的工作，自蒸汽机发明后被机械化生产所取代。

◆ 瓦特通过观看茶壶发明了他的冷凝器

工业革命这场巨大变革，对人类的现代化进程推动起到不可替代的作用，把人们推向了一个崭新的“蒸汽时代”。

工业革命后，人类社会从持续了数千年的农业社会开始向工业社会过渡，人类历史进入了一个崭新的时代。但是，由于机器生产效率提高，生产线上不需要那么多工人了，大量手工业者被机器淘汰，面临着破产、失业甚至家破人亡。

我们本章讲的这个故事，就是发生在这样的背景之下。

1779 年仲夏的一个午后，彼时的清朝乾隆皇帝还在避暑山庄纳凉。

英格兰西北部的兰开夏郡，天气炎热。有一名叫作卢德的纺织工人正在熟练地织着一只棉袜。由于已经连续工作了 10 个小时，他十分疲劳，额头上不时渗出细细的汗珠。

然而，他知道自己不能休息，因为他靠织袜子挣来的钱是全家唯一的收入来源，他必须赶在商人杰克来收货之前把这批活儿赶制完。终于，当他用尽全力完成了所有的工作后，还没松一口气，就听见一阵急促的敲门声，是杰克来收货了。

卢德："中午好啊，杰克！"

杰克："中午好，卢德。"

商人来了，就意味着能把货卖出去收钱了。卢德虽然很累，但还是很开心，以至于他没有察觉到今天的杰克有什么异样。

卢德把织完的袜子一捆捆地搬到外面的马车上。但是，当他把第一捆袜子搬到马车上时，却奇怪地发现，马车里面空空如也，而以往杰克来收货的时候，都会顺带着把下一次织袜要用的原料准备好放在车里一并拿来。

卢德想："莫非是嫌我的工钱太贵了吗？"

卢德把这一批棉袜全部交给杰克，并清算完货款后，发现杰克站在门口也不走，一副欲言又止的模样。心直口快的卢德便先开口了：

"杰克，你是我们家的老客户了，也是个有经验的包买商，知道市价是什么样的，你凭良心说，我卢德要的钱多吗？为什么我们的生意没法继续了？不如我们打开天窗说亮话，你究竟想把我的工钱降到多少？"

杰克终于开口了："呃……卢德，你听我说，这并不是价钱的问题。其实，我家的棉纺厂已经和一家机器织袜厂签了合同，也就是说，今天这是我们之间的最后一单生意了……"

卢德很惊讶，说道："这……不！这不可能！什么机器有我家的祖传手艺快？即便是更快，怎么可能做得比我好？"

卢德的话里透露着绝望。

杰克回答道："卢德兄弟，实在是不好意思，但是，我还是得很遗憾地告诉你，机器织袜厂里一台机器一天织出的袜子比你一周织的还多，而且价钱比你这还便宜。至于质量嘛，反正又不是我穿，虽然不舒服、不耐久，但买的人更在乎便宜……”

接下来的两年时间里，卢德拼尽全力去联系了所有他能联系到的包买商，但当这些包买商听到他说是手工织袜的时候，都无一例外地拒绝了。

为了继续寻找合作伙伴，已经没有收入的卢德变卖了家产，生活过得越来越窘迫，但固执己见的他仍然不愿意向现实妥协——也就是，绝对不去机器织袜厂做工。

为了贴补家用，本来就体弱多病的卢德太太无奈之下成为一名洗衣女工，最终因为积劳成疾去世了。紧接着，卢德缺人照顾的儿子也因患上肺结核后无钱医治而不幸夭折。抱着儿子的尸体，卢德痛不欲生，他把发生在自己身上的所有不幸都归咎于那些可恶的机器。他歇斯底里地狂吼：“该死的机器，我不会被你们打败！我一定会向你们复仇的！等着瞧！”

从那天开始，兰开夏郡的各个机器工厂内经常出现机器被砸以及厂房被烧的事件。当然，这都是卢德干的。

卢德的行为让各地的治安官警觉起来，他们开始加强对工厂的巡逻守备。终于有一天，卢德在试图翻墙进入一家织袜工厂捣毁机器的时候，当场被警察抓了个现形。

被带到治安官面前的卢德大叫道：“以上帝的名义，我是手工工人的最高统治者卢德将军！卢德王！我奉命前来审判那些祸害人间的魔鬼，该死的机器！你们这群蝼蚁凭什么抓我！除了上帝，谁也无权审判我！”

由于卢德没钱赔偿工厂主的损失，所以治安官最终判处卢德终身监禁。

在被押往监狱的路上，卢德仍然在大喊着，说自己是受上帝指派的

"卢德王""卢德将军"。后来，人们就再也没有听到过卢德的消息。这件事情一时间成为兰开夏郡街头巷尾广为流传的故事，当然，也有人说卢德早在很多年前就已经被枪毙了。

◆ 机器生产的场景

随着织袜机的普及，越来越多的手工织袜工遭到了卢德同样的命运。他们开始效仿卢德，展开了大规模的捣毁机器的运动，这场运动被叫作"卢德运动"。

1811 年 3 月 11 日，诺丁汉郡的手工织袜工人们率先打起"卢德将军麾下"的旗号，一口气捣毁了 60 部织袜机器。

紧接着是兰开夏郡和约克郡，他们以"卢德王"的名号写信给织袜工厂厂主，要求其停止机器织袜，重新开始以原先的价格采购工匠们的手工织袜。厂主不从，他们便开始砸毁织袜机。

也有织袜工人采取合法手段向治安官请愿，要求政府禁止机器织袜，还织袜工匠们的饭碗。治安官无奈之下去伦敦面见国务大臣。然而，他们从伦敦带回来的，是议会颁布的严惩砸机者的法令。

当然，议会里也不是完全没有人支持卢德派——英国著名诗人拜伦就曾在上议院发表演说，为手工工匠们辩护，谴责血腥的法令。

但由于其孤掌难鸣、势单力孤，终究无法阻止法令的出台。

听说伦敦当局要绞死捣毁机器的每一个人，织袜工匠们更加怒不可遏，决心誓死捍卫自己的尊严。1812 年，他们把卢德派的势力又扩展到了更远的利兹郡和曼彻斯特郡。

那里的工厂主们得到消息后慌忙雇请保镖，并申请警察协助守卫厂房。然而，在工人们武装捣毁机器、攻打工厂的过程中，还是导致好多人受伤乃至死亡。英国政府无奈，派遣军队前来镇压，这才彻底扑灭了“卢德运动”。

据说，前来镇压“卢德运动”的军队数量超过了在西班牙与拿破仑作战的英军数量。“卢德运动”最终失败了，但“卢德”的故事并没有结束，而且这个故事有很多值得深入思考的内容。

被时代的变革抛弃的手工业者的命运固然值得同情，但是，我们能够因此指责变革吗？同理，那些在国际分工中失去工作而反对全球化的人，是不是新时代的“卢德”？更进一步，我们可以想到，随着人工智能突飞猛进的发展，未来人类大量的职业都会被机器取代，会不会导致新一轮的卢德运动呢？而人类又能为自己做点什么呢？这些都值得我们去思考。这就是我们讲这个故事的意义吧。

（韩毅）

“贩卖死亡的商人”诺贝尔的火药

说起科学家，阿尔弗雷德·诺贝尔可谓无人不知无人不晓。

大家对诺贝尔的了解，可能主要来自他所设立的奖项——诺贝尔奖。其实诺贝尔不仅仅是因为设立诺贝尔奖而闻名，他更是一位对人类历史做出了巨大贡献的发明家、化学家。

◆ 瑞典化学家、发明家阿尔弗雷德·诺贝尔

本章主要讲“诺贝尔的火药”。可能有人会觉得，火药明明是中国人最先发明，古代的“四大发明”清清楚楚写了有火药，可为什么火药的专利却属于瑞典科学家诺贝尔？要想搞清楚这一点，我们必须明白黑火药与黄火药的区别。

中国最早出现的火药是在晚唐时期，由于其颜色是黑色，因此被称为

“黑火药”，其配方为“一硫二硝三木炭”。而诺贝尔发明的炸药又被称为“黄火药”，其主要成分为硝化甘油。相对于黑火药，黄火药性能更为稳定，便于贮藏、运输。

很明显，这两种火药区别很大，属于两个研究系统的产物。前者是由三种不同的化学成分组成的混合物，后者则是一种化合物。如果没有化学理论的支持，没有系统的实验，是不可能发明黄火药的。在这个过程中所必需的科学精神，也正是中国古人所缺乏的。

其实早在 1847 年，意大利的索伯莱格就发明了一种烈性炸药，主要成分就是硝化甘油。但是这种炸药虽然爆炸力很大，却极不安全，意外爆炸时有发生。诺贝尔的贡献在于对硝化甘油炸药进行了改进，从这个意义上讲，也许我们称诺贝尔改进了炸药更为合适。

1862 年夏天，诺贝尔开始进行硝化甘油炸药的改进研究。这个过程并非一帆风顺，而是充满了艰辛与风险，甚至需要付出生命的代价。在实验过程中，因为一次爆炸事故，实验室荡然无存，五位助手全部身亡，连诺贝尔最小的弟弟也在爆炸事故中被炸死。可是诺贝尔并没有因此止步，而是继续自己的研究，就像什么也没有发生一样，埋头于炸药的研究工作。

相信很多人对“雷管”这个名词不会陌生，什么是雷管呢？诺贝尔在经过长期艰苦的努力之后，终于发现了一种可以很容易引起爆炸的物质——雷酸汞 [$Hg(CNO)_2$]。1863 年 10 月 14 日，因为雷酸汞的发现和应用，诺贝尔在瑞典获得了硝化甘油引爆物的专利，这个引爆物就是雷管。

雷管的发明对诺贝尔来说具有极其重大的意义，这是他在炸药研究过程中的第一次巨大突破，对整个炸药的发展史也产生了深远的影响。

◆ 诺贝尔故居

随着雷管的发明，诺贝尔建成了世界上第一座硝化甘油工厂，开始批量生产硝化甘油炸药。一开始政府考虑到安全问题，不批准诺贝尔在市内建厂，诺贝尔便只能租了一艘船，在船上建厂投产。但在船上生产毕竟很不方便，经过多次申请，政府终于批准诺贝尔在市郊选址建厂，世界上第一座硝化甘油工厂就此诞生。

事情并没有因为雷管的出现变得更顺利，甚至可以说变得更糟。诺贝尔没有意识到，由于硝化甘油是由甘油和浓硫酸反应制成，所以成品中或多或少都会有硫酸的残留。时间一长，硝化甘油自行分解便会导致大爆炸。

因此，购买了诺贝尔生产的硝化甘油炸药的厂商很多都发生了爆炸事故，这些灾难性的爆炸事故导致世界各国政府纷纷下令禁止使用硝化甘油。

面对这一巨大打击，诺贝尔并没有就此倒下，更没有放弃对炸药的研究。正如尼采那句名言："所有不能杀死我的，都将使我更强大"所说，诺贝尔就是如此。

硝化甘油的禁用，促使诺贝尔下定决心发明硝化甘油稳定剂，只要能将硝化甘油的爆炸变得可控，各国政府就没有理由再禁止其使用。为此，诺贝尔远赴美国加利福尼亚州进行考察，因为这里是使用硝化甘油最多的地方。在加利福尼亚，他再次建立工厂进行实验。经过多次艰苦的试验和无数次的失败，诺贝尔发现，有一种多孔性固体物质硅藻土可以使硝化甘油变得更安全。

硅藻土的引入，使得诺贝尔的炸药变成了真正"安全"的炸药。虽然爆炸威力有所减弱，但安全性可控，诺贝尔终于成功了！正是因为硅藻土的发现和使用，让诺贝尔获得了瑞典科学院颁发的最高奖"雷特斯泰奖"。

诺贝尔的研究并没有止步于此，由于引入硅藻土之后炸药的爆炸威力只能达到硝化甘油的四分之三，诺贝尔随即着手研制既安全爆炸力又巨大的炸药，胶质炸药就此出现。随后，诺贝尔又发明了混合无烟火药，他改变了配方，使得这种新型的颗粒状无烟火药燃烧速度快而又没有残渣，十分适合应用于枪炮的生产。

诺贝尔一系列的火药发明，不论他是否愿意，客观上都促进了军事工业的发展。大家所熟知的马克沁、加特林等射速极快的机关枪，如果没有高烈度的黄色炸药用来作为枪炮的发射炸药，是不可能达到如此的射速和射程的。但将炸药应用于军事绝非诺贝尔的本意，他原本希望炸药能够应用于工业生产，从而造福人类。对于自己的研究成果被应用于军事，诺贝尔十分伤心。

诺贝尔是个不折不扣的大富豪，却一生简朴。对于那么多的荣誉加

◆ 斯德哥尔摩诺贝尔奖纪念匾

身，他只说了一句："我看不出我应得到任何荣誉，我对此也没有兴趣。"

由于他的发明被广泛应用于战争，他被一些人称为"贩卖死亡的商人"。可就是这样一个商人，死后没有给亲人留下任何财产，而是全部用于诺贝尔奖，希望因此能推动人类科学事业的进步。

（王小伟）

海上蒸汽时代的到来：富尔顿和他的蒸汽船

中学历史课本上说过，英国发明家瓦特改良了蒸汽机，使人类社会迈入了“蒸汽时代”。而从严格意义上说，瓦特开创的是“陆地蒸汽时代”。

而“海上蒸汽时代”则是由富尔顿发明蒸汽轮船开始的。

任何伟大的事物都不是横空出世、凭空产生的，蒸汽轮船发明的过程，绝不亚于一部情节跌宕起伏的电影。

最早提出用蒸汽作为轮船动力想法的并不是富尔顿，而是一位叫作约翰·菲奇的美国人，比富尔顿早了将近20年。但约翰·菲奇想要的并不是蒸汽轮船，而是蒸汽桨船，就是用蒸汽机带动船桨的船。

菲奇是一名生意人，经常要与印第安人打交道。18世纪后期，印第安人在受到白人的各种欺骗和压榨后，往往会想尽办法奋起反抗，或是用他们抓来的白人作为人质，勒索赎金弥补部落的损失；或是干脆杀掉这些白人，以报复白人施加在印第安人身上的暴行。

在这样的情形下，经常奔波于各印第安人领地与各大白人城市之间经

◆ 运河旁用来转移船只的设施

商的菲奇，便总会成为印第安人追杀的对象。

每当印第安人骑着快马或者划着木筏从水陆两路追杀菲奇时，落荒而逃的菲奇便会思考，能不能找到一种能够不依靠风力、畜力或人力而自动行走的机器，使他省力而快速地摆脱追捕。

后来，一个偶然的机会，菲奇看到了纽可门蒸汽机的设计图，设计一种以蒸汽为动力的交通工具的想法，便在他的脑海里萌生了。纽可门是英国的工程师，早期常压蒸汽机的发明者之一，瓦特蒸汽机就是在他的基础上改良的。

1787 年，在菲奇的不懈努力下，他终于设计出了一种以蒸汽机带动船桨运行的客货两用船，每小时的运行速度可达到 10—13 公里。

可惜的是，虽然菲奇的“蒸汽桨船”构想受到各方好评，却没有人愿意给他投资。刚刚结束独立战争不久的美国，各州之间依旧壁垒重重，税收与贸易政策并不统一，跨州运行的客货两用蒸汽船市场不大。

菲奇依旧不死心，十分积极地在欧洲寻找自己的伯乐。终于在 1792 年，一位法国富商答应约见菲奇。在将蒸汽桨船上的纽可门蒸汽机换成了体积更小、效率更高的瓦特蒸汽机后，菲奇信心满满地来到了法国，准备在这片新天地里好好地大展一番宏图。然而天有不测风云，法国大革命中最激进的势力雅各宾派上台了。随后，富有的菲奇资助者要么逃亡到了国外，要么就被无情地送上了断头台。

菲奇的蒸汽桨船梦想再度破灭了。

就这样，绝望至极的菲奇在流落异国街头长达五年之后，最终选择在 55 岁时服药自杀，结束了自己壮志未酬的一生。

菲奇的“遗愿”最终被一名叫作罗伯特·富尔顿的美国同胞继承了。

1765 年，富尔顿出生于美国宾夕法尼亚州。据说，他家住在一条风景秀丽的河边。从小，富尔顿就常常坐在岸边，观察艄公们撑着船在河流上往来穿梭，时常脑子里会想：不用船桨也能自动向前航行的小船是什么样子。

上学读书之后，富尔顿上课总是走神，因此并不太招老师喜欢。家人看他在学业上也实在没有什么建树，好在心灵手巧还颇具绘画天赋，于是决定送他去欧洲学习绘画，希望他将来能成为一名伟大的画家。但是那时候的艺术家在真正成名之前，往往都是填不饱肚子的。因此，为了减轻生活压力，富尔顿便在学习绘画之余，兼职帮一些运河设计师画工程图纸。

在这一过程当中，富尔顿学到了很多力学知识和工程技术，并对此产生了浓厚的兴趣。更为幸运的是，富尔顿在欧洲期间还结识了两位贵人，他们成为富尔顿日后成功的巨大助力。

◆ 罗伯特·富尔顿画像

第一位贵人是美国驻法公使利文斯顿。初见富尔顿后，利文斯顿就十分赏识这位富有才华的年轻人，二人可谓相见恨晚。利文斯顿甚至还将自己的女儿嫁给了富尔顿。

随后，在岳父的引荐下，富尔顿有幸参加了瓦特的50岁生日宴。生日宴上，当瓦特向在场所有人展示经他改良后的新型蒸汽机模型时，富尔顿心中那个埋藏已久的儿时梦想再次被点燃了。

宴会结束后，富尔顿拜访了瓦特，在表达对大师的崇拜之余，他一字一句地向眼前这位大科学家认真阐述着自己心中那只“不用船桨也能自动向前航行的小船”的想法，并且他还十分确信地表示，瓦特的蒸汽机就是那个可以带动他的船只不断向前航行的“助力神器”。

听完富尔顿的介绍，瓦特对这个天赋异禀的年轻人大为欣赏。当即就表示，如果富尔顿能够设计出一艘平稳运行的蒸汽轮船，那么他会考虑在蒸汽机的专利费用方面给予富尔顿极大的优惠。由此，瓦特也成了富尔顿生命中的第二位贵人。

在这两位贵人的竭力推荐下，富尔顿开始尝试为拿破仑建造蒸汽轮船。1803年，富尔顿终于造好了第一艘蒸汽轮船，并准备在巴黎的塞纳河上试航，上天却在这个关键时刻跟富尔顿开了一个很大的玩笑——蒸汽

◆ 富尔顿的第一艘蒸汽轮船

轮船在试航的前一天不幸被暴风雨掀翻。

富尔顿由此成为一个只会纸上谈兵的大骗子，不再受到拿破仑的重用。此后，他在巴黎过了几年郁郁不得志的生活。

在岳父利文斯顿和偶像瓦特的反复鼓励下，富尔顿终于决定重整旗鼓，回到家乡美国，继续研发他的蒸汽轮船。在这期间，利文斯顿利用自己在家乡纽约州的人脉关系，替富尔顿赢得了纽约蒸汽轮船经营的特许权，还为富尔顿的轮船企业注入了大量的资金。

富尔顿也终究没有辜负岳父的期望。1807 年的夏天，由富尔顿制造出的蒸汽轮船“克莱蒙特”号在纽约州成功试航。

当然了，对于“克莱蒙特”号的成功，瓦特也是功不可没的。他为此亲手制作了一台蒸汽机，通过货船由英国运往美国，并成功地安装在了“克莱蒙特”号上。后来，富尔顿还在具有蒸汽轮船垄断权的纽约州内建立了定期航运线，以此来为自己的蒸汽轮船打广告。获得盈利后，他又将这些盈利资金再次投入蒸汽轮船的技术研发中，努力改造出速度更快、效率更高的蒸汽轮船。

就这样，在富尔顿的不断革新和推广下，他的蒸汽轮船不仅成功驶出了纽约州，还航行到了世界的各个角落。人类终于摆脱了风的限制，就此进入“海上蒸汽时代”，在工业文明的星辰大海里，全速航行。

（韩毅）

城市发展史的伟大创举：伦敦地铁

工业革命到底给欧洲以及世界带来了什么？

这个问题如果问一个英国人，他可能会告诉你，是伦敦地铁。

伦敦地铁始建于 1856 年，是世界第一条铁路。现在各大城市建地铁很正常，但是倒退到 160 多年前，你肯定会奇怪：这些英国佬为什么一方面在中国挑起“第二次鸦片战争”，一方面却在自家的皇城地下卖力地挖着隧道？

原因其实很简单，就是交通堵塞。

当时的英国正处于如火如荼的工业革命时期，作为世界经济的中心，英国具有最先进的铁路修建技术。而伦敦作为当时世界性大都市，人口迅速增加，周边的铁路网四通八达。但由于伦敦是一座古城，城市中心房屋密集，道路狭窄，主要交通工具仍然是马车，这就导致伦敦经常交通拥堵。为了改变这一现状，政府开始向社会广泛征集解决方案。

人们针对伦敦市内交通问题提出了各种各样的想法。在众多的提案中，有两大设想对伦敦地铁影响深远：一群承包商提出，通过修建地下道路来缓解交通拥堵，他们认为人和车都可以在地下通行；还有一位名叫查尔斯·皮尔森的律师，他提出在伦敦市中心修建中央火车站，使伦敦周边现有的火车线路直接延伸到市中心，从而解决交通拥堵问题。

这两个想法后来被结合起来实施，因此也就有了伦敦地铁。

伦敦的第一条地铁线路长仅 7.6 千米。在修建这条线路的时候，并没有任何经验可以借鉴，采用的方法是相当原始的开膛明挖。

所谓明挖就是直接从地面向下挖掘，北京修建的第一条地铁线一号线也是在长安街上采取明挖的方法。这种方法费时费力，需要将地面所有的

◆ 大都会地下铁路 (MDR) 的建设情况

◆ 1862 年 5 月 24 日，英国财政大臣威廉 · 艾沃特 · 格莱斯顿与大都会铁路公司的董事和工程师一起视察地铁建设情况

建筑物移除，然后挖出一条大壕沟。在完成地下建筑之后将土回填，随后恢复地面原有样子。

为了支撑起隧道，工人用黄砖加固壕沟的沟壁，然后搭成拱形的砖顶。由于当时伦敦地铁采用的运行车辆是烧煤的蒸汽机车，工人还必须在建好的隧道中钻出通风口，把排出的浓烟引到地上。

1863 年 1 月 10 日，伦敦第一条地铁线修建完成并成功运营，随后英国人便开始筹划修建第二条地铁线。

当时一位名叫约翰 · 福勒的工程师提出，伦敦应该开始修建环线地铁。这一方案在四年之后被正式实施，并于 1884 年完工。

1890 年，伦敦建设完成了世界上第一条电气化地铁，开始采用电力机车牵引列车。随着地下挖掘技术的不断成熟，大都会线和环线相继开通，1900 年，第一条横贯整个伦敦的地铁线路——中央线建设完成，伦敦纵横交错的地铁网开始形成。

随着“一战”和“二战”的相继到来，伦敦地铁的修建进程被迫中断。最初的地铁设计者恐怕很难想到，为了缓解地面交通压力修建的地铁，却在战争期间发挥了“额外”的巨大作用。

“二战”时期，德国对伦敦实施了旷日持久的大轰炸，此时的地铁隧道就成为现成的最方便、有效的避难场所。

当时伦敦人民为了躲避轰炸，将地铁隧道改造成了临时防空洞，有些人会在地铁站台上过夜，有些人甚至在站台上安设了床铺。根据记载，由于避难人数过多，就连简易床铺都需要排队买票。坐着的、躺着的、倚着的，战争时期的伦敦地铁站上上下下挤满了人。就连当时的英国首相丘吉尔也曾在地铁隧道里工作。

虽然地面上是接连不断的轰炸声，但遗留下来的老照片告诉我们，当时在伦敦地铁隧道内避难的人们依旧保持着对生活的热爱，他们会聚在一起唱歌，一起相互鼓励。伦敦地铁隧道成为战争时期拯救伦敦人民的诺亚方舟。

有一句话说，“即使整个伦敦被炸毁了，我们还有地铁呢。”这就是英国人的从容和淡定。著名电影《魂断蓝桥》有一个桥段——玛拉和军官罗伊在一处防空工事躲避空袭，他们待的地方就是伦敦地铁的滑铁卢站。

除了滑铁卢站，伦敦地铁还有众多蜚声世界的著名站点。20 世纪末，伦敦废弃了 77 个地铁站，其中名气最大的便是奥德乌奇地铁站（Aldwych Tube Station）。讲述当年伦敦大轰炸的英国电影《赎罪》，便是在这里取

◆ 被抛弃的奥德乌奇地铁月台

景。除此之外，《V 字仇杀队》《神探夏洛克 3》等电影都把奥德乌奇地铁站作为取景地之一。

国王十字车站（King's Cross）是电影《哈利波特》的取景拍摄地。电影中通往霍格沃兹魔法学校的火车便是从国王十字车站出发，在这里甚至还能找到鼎鼎大名的九又四分之三站台。

另一个名站维多利亚站原本只是一个普通的火车站，始建于 1860 年，现在已经发展成为伦敦市中心中转站。维多利亚站经过多次翻新，内部装饰焕然一新，然而百年建筑物的外貌依旧保存完好。如果来伦敦旅游的话，这些著名站点十分值得一去。

随着信息时代的到来，伦敦地铁的发展进入第三阶段。在经历了蒸汽机车、电力机车牵引列车的时代之后，伦敦地铁率先于 1971 年在维多利亚线区采用计算机技术操控列车，从而开启了迈向数码遥控时代的脚步。现在英国伦敦地铁所运行的列车最大时速可达 96 公里。

如今地铁已经遍布世界各大城市，但 19 世纪的伦敦率先通过修建地下道路来改善地面交通。这是城市发展史上的开创之举，它为解决全球大型都市的交通拥堵提供了借鉴，从而使得城市体量扩大成为可能。

百年的伦敦地铁，如一个古老的窗口，可以看到大英帝国的变迁与发展、历史和现实、艺术与人生。它的发展历程与科技的进步息息相关，它所代表的英伦文化也吸引着一批又一批的游客。

伦敦是一座先有地铁，后有汽车的城市。伦敦地铁的建设显示英国在当时的超前创新意识，也充分展示了它国力上升期的文化和科技自信。

（王小伟）

既是跳板也是病毒：石油的诞生

美国前国家安全顾问亨利·基辛格在20世纪70年代曾说过："谁控制了石油，谁就控制了所有国家；谁控制了粮食，谁就控制了人类；谁掌握了货币发行权，谁就掌握了世界。"

本章我们就来讲讲能控制国家命脉的关于石油的故事。

我们先从一位美国人乔治·比斯尔的经历讲起。

比斯尔是一个刻苦上进的人，从12岁开始就一边做工，一边自学，最后竟然考上了全美顶尖的私立大学之一达特茅斯学院。

从学校毕业后，他成为一名拉丁文和希腊文教授，还在工作之余自修成为纽约市的著名律师。1853年夏天的一天，他回到新罕布什尔州的老家探望母亲，顺便去达特茅斯学院走访老朋友化学系教授克罗斯比。

克罗斯比招呼着比斯尔来到了自己的办公室，两人坐在门口的沙发上攀谈起来。

比斯尔一边和克罗斯比聊着，一边饶有兴致地打量着办公室里的陈设。比斯尔注意到，办公桌除了那些常用的书籍和办公用品以外，还放着一个平底烧瓶，里面装着一些黑漆漆的液体，这就是石油。

在 19 世纪中期之前，石油主要被用于制药。早在 1755 年，印第安人就在宾夕法尼亚西部的小溪中汲取石油，他们把这些漂浮在溪流表面的黑色油脂认为是上天的恩赐，并将它们用于医治水肿、风湿、皮肤病等病症。

后来，有几个白人从印第安人手中买下了这些小溪的使用权，他们将石油称为包治百病的神奇药水，把它们装在小瓶中以两瓶 1 美元的价格出售。

比斯尔之前就曾经看到过有人兜售那些黑色的神奇药水，但没想到在这里竟然见到了这么一大瓶，于是便向克罗斯比教授询问：

“这个瓶子里装着的是不是那种被称为石油的东西？”

克罗斯比教授：“是的，这就是石油。”

克罗斯比教授走过去拿起瓶子递给了比斯尔。

比斯尔仔细端详着瓶子里的黑色液体，想起之前听说过曾经有人仅仅因为不小心扔掉一枚刚熄灭的火柴棍就点燃了一大摊石油的传闻。

他向克罗斯比教授询问这些液体的出处，克罗斯比便一五一十地将这些石油的来源告诉了他。这些石油正是来自宾夕法尼亚州西部的那些小溪，小溪流经的地区则被言简意赅地命名为油溪区。

比斯尔意识到，既然人们能够从水上将这些石油捞起来，那一定说明这里的石油易于开采，石油能够轻易点燃，那么利用这些石油提炼出物美价廉的照明用油岂不是轻而易举？

带着这个念头回到纽约后，他开始募集资金，寻找合伙人，并筹划前往油溪区进行考察。果然，当他于 1854 年进行实地考察时，亲眼看见了当地居民在溪水上撇取石油的场景。于是，他在当地采集了一些原油样品，并将这些样品送往耶鲁大学的西利曼教授处化验。

◆“化学王子”西利曼教授

被称为“化学王子”的西利曼教授是当时著名的化学家，他经常高价接受别人的委托，为各种各样的客户进行化学鉴定。

几个月后，报告被交到了比斯尔的手中。检验结果令人欣喜，石油加热后制取的提炼物在照明方面取得了出乎意料的成功。

有了报告作为依据，比斯尔立即与自己的合伙人创立了宾夕法尼亚石油公司，这是美国乃至全世界的第一家石油公司。他们花费 5000 美元买下了油溪区周围 105 英亩（约合 42 万平方米）的土地和农场，并建立了钻井和蒸馏厂。

随着石油的开采和石油生产的扩大，整个公司的生意也蒸蒸日上。

1858 年，公司的股东之一德雷克在宾夕法尼亚的提图斯维尔成功地钻成了第一口现代化油井，发现和开发了第一个油田，随之而来的是如同淘金热一般的石油开采热潮。

比斯尔在给妻子的信中激动地写道：

“在这里我们遇到了无可比拟的兴奋浪潮，人们几乎发疯了……我从未见过这种激动人心的场面。所有人全涌到这儿来了。对可能找到石油的

◆ 古老的油泵

土地，人们愿意出令人难以置信的价格。”

整个国家沸腾了，石油工业迅速在美国兴起，一个新的时代诞生了。后来又过了 20 多年，19 世纪末 20 世纪初，随着内燃机的问世，石油开始有了新的也是真正巨大的用途——作为新发明的交通工具汽车和飞机的燃料。

从此，整个世界的面貌发生了改变。

如果说大航海时代白银是“全球贸易之匙”，那么从 19 世纪末开始，石油就是当之无愧的全球贸易“商品之王”。石油成了世界各国争夺的对象。尤其是在其他国家看到美国石油出口不仅带来了丰厚的利润，其势力范围也随着石油贸易不断扩展，心有不甘，但更多的是嫉妒，一个个开始奋起直追，满世界争夺石油资源和利益。

然而对利益的争夺就必然导致正面的冲突，之后爆发的世界大战背后，以石油为代表的能源冲突，是其重要的根源之一。直到今天，石油资源依然是很多国家冲突的导火索，这在中东地区表现尤为明显。

石油是大自然的馈赠也是诅咒，“潘多拉的魔盒”打开了，释放出了人性的贪欲，暴露了人性的弱点。但希望还在，正如人类演进的过程，虽然曲折但始终向前。

（韩毅）

电气时代门口的对决：两个天才发明家之间的较量

当我们说起伟大的发明家时，脑子里冒出来的第一个人，大概率是托马斯·阿尔瓦·爱迪生。他一生的发明共有 2000 多项，拥有专利 1000 多项，其中最著名的发明当属电灯。

实际上，爱迪生同造纸的蔡伦一样，只是技术升级改进者。

在爱迪生之前，已经有名为电烛的原始电灯，戴维、戈贝尔等科学家相继完成了电灯实验，遗憾的是，他们都没有申请专利。从严格意义上来说，其实电灯并不是爱迪生发明的，他只是对电灯进行了改良，并将电灯应用于生活照明。

只是因为在媒体的宣传和包装下，爱迪生作为电灯的“发明者”，成为新兴列强美国兴盛的标志。

而真正将电引入生产领域的大功臣，是与爱迪生同时代的另一位天才发明家——尼古拉·特斯拉。他被认为是电力商业化的重要推动者之一，也是现代交流电系统的设计者。

同时代的爱迪生与特斯拉，对于电有着不同的科学主张。这注定了两位天才发明家之间，必然有一场激烈较量。但一开始，二人并不是势不两立敌对的关系，更像是爱豆与粉丝的关系。那又是因为什么二人从“相爱”走上“相杀”呢？

爱迪生从小就喜欢做各种实验。但是家庭经济状况较差，年幼的爱迪生总是一边在火车上卖报纸，一边偷偷搞自己的小实验。为此，他还特意把自己在列车上的休息隔间改造成了实验室。

然而好景不长，一次小范围的意外爆炸，惹得列车长把实验器材连同他本人都赶出了列车。之后他辗转多地，三年间换了十多次工作。

生活的困境并没有阻断爱迪生对科学的热爱，他在工作之余继续进行电学实验。由于白天要打工谋生，他只能选择晚上在煤油灯下做实验，但是煤油灯的光线太昏暗了，还时不时地会发出阵阵呛人的怪味。

他想，到底有没有一种清洁而安全的照明设备，能使大家免受煤油灯的困扰呢？也就是从那时起，爱迪生把发明清洁安全的光源作为自己的方向。

1870 年，爱迪生在朋友的资助下，在新泽西州瓦克市的沃德街建了一座工厂，专门研究电气设备。在这之后，一项又一项的伟大发明从爱迪生手中诞生了——普用印刷机、同步发报机、留声机，还有电灯。

电灯的研发耗费了爱迪生数以万计的资产，在抵押了自己的公司、借遍了朋友的钱财之后，爱迪生只得求助于当时的金融巨头摩根财团。他向摩根许诺，在他发明出电灯以后，免费为摩根所有的企业提供照明系统。

皇天不负苦心人，1879 年，爱迪生不仅成功地发明了电灯，还在次年找到了可以长时间点亮的灯芯材料。紧接着爱迪生还研制出了与电灯配套的直流电路网。它的特点是电压低，安全系数高，即使人们不小心触

◆ 19 世纪 80 年代，托马斯 · 爱迪生在实验室

电，也不会造成致命伤害。

1881 年的巴黎电力博览会上，电灯的出现惊艳了世人。从此，爱迪生和他的电灯名扬四海，由他创办的爱迪生通用电气公司，在欧洲开始展开业务。

一天，巴黎分公司装配的电灯出了故障，客户威胁说，如果在夜幕降临之前得不到解决，公司就要赔偿全部的损失，而当时离入夜只有三个多小时。就在总经理巴切乐焦头烂额之际，一名刚来不久的年轻人挺身而出，仅仅用了不到一个小时的时间，就把问题全部解决了。巴切乐决定将这个人推荐到美国总公司工作，他就是塞尔维亚人尼古拉·特斯拉。

听闻能有机会去美国和大名鼎鼎的爱迪生一起工作，特斯拉异常兴奋，毕竟自打巴黎电力博览会上展出了神奇的电灯照明系统后，全球科学界就没有几个人不视爱迪生为偶像的。此时，在年轻的特斯拉心中，爱迪生是不惜任何代价为人类带来光明的伟人，是向自然界“盗取”电力的普罗米修斯。

从那时起，特斯拉开始近乎疯狂地研究爱迪生的电力系统，想通过改进这个系统，使电力得到更广泛的应用，从而像爱迪生一样，为人类的科技做出贡献。在研究中，特斯拉发现了比直流电路耗材更少、电压更高、电流更强的交流电。

1884 年，特斯拉来到美国总公司，见到了爱迪生。当时，爱迪生已经将他几乎所有的资金全都投在了直流电的研发和电灯的改进上。而特斯拉这位年轻的科学怪人，在经过简单的自我介绍之后就马上直陈利害：“尊敬的爱迪生先生，恕我直言，直流电耗材太大、成本太高、功率又太低了，我发现了一种更节约成本的方式。”

说着，便把交流电的设计理念和他所画的图纸拿给爱迪生看。爱迪生看了一眼心想："哎呀，这小子是个天才啊，确实比我的办法耗材更少、电流更强。就是交流电压太大，实验稍有不慎就会电死人。"

◆ 特斯拉画像

其实更重要的是，他已经将自己大部分的资金全都投进了直流电的研发上，他想把直流电的本钱收回来以后再做交流电的研发。然而，这种基于现实利益的非科学问题，实在不好和眼前这个只想着科学真理的年轻人说起。于是，爱迪生换了种说法，打起了官腔：

"小同志啊，年轻人有想法是好的，但是这个研究有不小的危险，需要循序渐进地来。先解决安全问题再投入研发与生产，这个过程至少需要20年左右。在这期间，你可以先帮我完善一下电灯、留声机、发报机什么的。"

然而，这位头脑单纯的青年并没真正理解爱迪生此番话的用意，还以为他真是担心安全问题呢。于是，特斯拉又说道：

"先生您多虑了，根本用不了那么长时间，给我一个月，我就能让交流电满足安全投入市场的条件，到时候只需要您5万美元的投资。"

爱迪生心想：一个月根本不足以完成这项试验，不如让这个狂妄的年轻人经受点挫折，于是他说：

"好，5万美元可以给你，就限你一个月的时间解决安全问题，如果没能解决，你就马上停止这项不切实际的实验，和我一起做些正事。"

特斯拉通过将电线架到高处的办法解决了高压电的安全问题，耗时一个月不到，爱迪生算是傻眼了：

“特斯拉先生，不得不承认你的确是个天才……但是，我这里的确没有 5 万美元，5 万美元只是个玩笑而已，你可能不太理解我们美国人的幽默……这样，如果你能将手头的实验停一停，与我合作改良我们现有的产品，我可以将你的工资翻四倍。”

◆ 2021 年，在克罗地亚，世界最大雕塑“特斯拉电力线”揭幕，致敬交流电之父

特斯拉觉得自己受到了欺骗和愚弄，于是严词拒绝了爱迪生，并离开了爱迪生的通用公司，临走前他还放话说，一定会证明他自己是对的。

离开通用公司的特斯拉用他新发明的电弧灯申请专利后，与两个新泽西州的投资人共同开办了一家公司。因经营不善，公司不久就破产了。后来，爱迪生的竞争对手——匹兹堡西屋电气公司的总裁发现了他，并正式聘用他为顾问。在西屋电气公司的支持下，一种更加廉价、占地更少、成本更低、输送更便捷的交流电上市了。借着交流电的问世，西屋电气公司开始与爱迪生通用电气公司分庭抗礼。

19 世纪末期世界电气行业最激烈的对决战就此打响。

1888 年，爱迪生首先得到了“机会”。

因为当年的暴风雪摧毁了城市上空架起的高压交流电线，断线裸露碰

◆ 1910 年，爱迪生发明有声电影

到地面还造成了两起致人死亡的事件。爱迪生通用电气公司股票的投资者、《纽约晚邮报》的总编辑率先在报纸上发文讨伐交流电，爱迪生本人也开始多次利用公开宣讲与实验的机会，阐述交流电对人类造成的威胁。他曾当众使用交流电电死了一匹马和一条狗。

尽管交流电的坏消息层出不穷，但大规模工业时代对更大电流传输的需求使得西屋电气的营业额超过了通用电气十余倍。1892 年，爱迪生的通用公司由于经营不善被大金主摩根财团合并收购。

而交流电的应用在 1893 年芝加哥世博会上大放异彩。西屋电气公司与尼亚加拉大瀑布发电站签下了巨额订单，由此也就宣告了这场电力之战的最终赢家非特斯拉莫属。

然而，爱迪生与特斯拉两人后来的境遇，却与这场电力之战的胜负截然相反。爱迪生在被摩根踢出局后又成立了自己的新公司，依靠采矿机、蓄电池、留声机和有声电影等一系列发明专利，并且在媒体朋友的宣传下继续享誉世界。

而特斯拉就不同了，他本可以凭借交流电的专利成为一个比爱迪生更加富有的人，但他却为了交流电的推广坚决不收专利费。不仅如此，据说特斯拉还因为古怪的性格被情报部门盯上，许多发明也被作为机密永久封存。后来，他本人一直旅居纽约，在不被世人理解的孤寂中安静终老。

也许即使没有直流电和交流电的冲突，二人也会因为性格的不同走向陌路甚至敌对。

多年后，一个叫马斯克的美国人，要用电力替代石油作为交通工具动力来源，他组建的公司，就起名特斯拉。这是对特斯拉的致敬，也是对其的传承。

（韩毅）

卡内基和他的『钢铁帝国』

在美国，有一个传奇的名字，他曾与“石油大王”洛克菲勒、“金融巨头”摩根一起，成为当时影响整个美国经济的三大财阀。

但是，作为当时世界上最有钱的人，他又和许多一般的有钱人不同——他在自己的事业最巅峰的时期，选择放弃已拥有的一切，转投慈善事业，并做出了比他传奇的经济成就更加影响深远的贡献。100 年后人们还称颂他的名字，并受惠于他的财富与智慧。

他就是“钢铁大王”安德鲁·卡内基。

1835 年，卡内基出生在苏格兰的一个普通手工业者家庭，从小聪明好学、勤劳肯干。但在他 10 岁以后不幸的消息接踵而至，因为卢德运动的影响，家里的手工作坊由于机器大工厂的挤兑而倒闭。后来家乡又遭到了百年难遇的大饥荒，卡内基一家迫于形势背井离乡，只得投奔在美国匹兹堡的姨妈。

匹兹堡是美国东部的重要交通枢纽，当时想要在这里找个工作并不

◆ 卡内基在家里拍电影

难，只不过大多工作都是与铁路有关的又脏又累的活。卡内基白天从事繁重的工作后，晚上还要去夜校学习财会与管理知识。凭着自己的勤奋和努力，他不仅偿还了家里欠下的所有债务，还成功得到了宾夕法尼亚州铁路公司高管斯科特的赏识，开始担任铁路管理职位。

自从斯蒂芬孙在 19 世纪上半叶发明了蒸汽机车和铁路后，这项技术就以极快的速度在欧洲和北美扩展开来。时代的机遇加上个人的努力，卡内基很快就从秘书升到了铁路公司的管理层，月薪也从 35 美元飙升至 1500 美元。

在职位步步高升的同时，卡内基还充当伯乐发掘人才。他发现了一个叫作伍德拉夫的人，此人发明了一种可以在上面睡觉的火车车厢，也就是卧铺车。卡内基建议公司出资为伍德拉夫建立一个卧铺车厢制造公司。

鉴于当时美国的铁路运输系统大多路程长、速度慢，很多坐火车出行的人不得不选择在火车上过夜。要是加一些钱就能躺着睡觉，谁还会选择坐着呢？因此，卡内基的提议很快就被铁路公司采纳了。

随后，卡内基又马上买进了新成立的卧铺车厢制造公司的部分股份。由于是刚刚发行的股票，所以价格比较便宜，卡内基只用了 200 美元就买到了很多股份。果然不出卡内基所料，这个卧铺车厢制造公司十分盈利，每年能给卡内基提供 5000 美元的分红。

可以说，凭借这种独到的识人和投资眼光，卡内基仅仅在铁路公司任职期间就已经为自己积累了相当可观的财富。

1861 年美国南北战争爆发。宾夕法尼亚铁路公司果断站队支持北方的联邦军，还派高管斯科特出任陆军助理部长，卡内基就在他的帐下听令，负责帮助联邦军修复被南方军破坏的铁路与桥梁。

当时，南方军破坏了四分之三的桥梁，企图通过这种方式来切断联邦军的增援线和补给线。卡内基冒着生命危险，带人到处抢修铁路和桥梁。他一边抢修一边思索：有没有一种能让铁路和桥梁更加坚固、同时更易于维修的办法呢？不久之后，用钢铁修筑大桥和铁路的想法便在他的脑海里慢慢形成了。

南北战争结束后，卡内基开始正式执行他的钢铁筑桥修路计划。

当时美国正值百废待兴时期，卡内基向宾夕法尼亚铁路公司提出辞呈，与弟弟和一些生意场上的伙伴，联合创办了楔石桥梁公司。

为此，他还不惜花重金招来一名天才工程师比波。由于修筑铁桥和铁路需要大量的钢材，卡内基在弟弟的引荐下，入股了科尔曼钢铁公司，成为重要的股东之一。后来，加上他弟弟原有的大量股份，这家钢铁公司就

◆ 卡内基跨河铁桥

此改成了卡内基－科尔曼联合钢铁公司，几乎和他的楔石桥梁公司合为一体。

公司合并后，凭借着自己之前在宾夕法尼亚铁路公司工作时积攒下来的人脉，卡内基迅速拿下了很多铁路和大桥的订单，还成功修建了俄亥俄河上的钢铁桥。要知道在这之前，钢一般都是用来制造小物件的材料，所以说，如此大规模地将钢铁直接使用在基础设施建设上，实属首次。

小试牛刀后，卡内基不仅迅速在行业中积攒了信誉，还得到了美国联邦政府的垂青。在联邦政府的资助下，卡内基与当时美国最具实力的古尔德铁路公司合作，在密苏里河上的圣路易斯修筑一座钢铁大桥。

这对于刚刚起步没多久的楔石公司来讲绝对是个前所未有的挑战！要知道，湍急宽阔的密苏里河可不比温驯平缓的俄亥俄河，架在密苏里河上的桥梁很有可能会被奔腾的河水冲垮。机遇与挑战并存，卡内基想，只要能够征服密苏里河这样让人心生畏惧的河流，就一定能在整个行业里站稳脚跟，成为最具实力的钢铁桥梁公司，到那时，全国的铁路与铁桥修建订单便会不费吹灰之力地收入囊中。

有了这样的“小心思”，卡内基下定决心要打个漂亮仗。

首先，他派出那位天才工程师比波进行实地考察。比波发现，要想避免大桥被湍急的密苏里河水流冲垮，钢铁用量至少比预期多四倍，而按照当时卡内基 - 科尔曼联合钢铁公司的生产效率来看，短期内筹集到这样的钢铁量几乎是不可能的。卡内基不得不转向收购其他钢铁企业，这些企业闻讯纷纷坐地起价，再加上修筑大桥任务重、工期长，很多工人不愿意干，卡内基还得被迫提高工资。

就这样，工期刚刚过半，工程就面临严重的资金不足，卡内基四处借债，大桥也是修修停停。

就在卡内基四处借债的过程中，他无意间打听到，有一个叫作贝塞麦的英国人发明了一种能把生产效率提高数倍的炼钢法，并且已经小规模地应用到了一些英国工厂中。

1872 年，卡内基赶到英国，花重金买下了贝塞麦的专利使用权，将它用于钢铁公司。这不仅一举解决了建造桥梁的钢铁需求，甚至还有富余的产量用于出售，以此来偿还欠款并填补修桥的资金亏空。

1874 年，这座横跨密苏里河的钢铁大桥终于竣工了！

可是，马上又出现了一个新的问题，那就是没人敢使用这座举世无双的钢铁大桥！

因为大家谁都不相信，钢铁大桥这种新鲜东西能够长久地屹立在湍急广阔的密苏里河上，没准哪天它就会坍塌了。为了打消人们的这一疑虑，卡内基又出奇招，运来几头大象在桥上来回散步，以示钢铁大桥坚固无比！

为此，他还特意找来了许多报社报道这一事件。大桥的使用权很快就被承包了出去，而且这座大桥的坚固程度足以令卡内基骄傲，一百多年后的今天，它依然屹立在密苏里河上。

◆ 卡内基纪念邮票

有了圣路易斯筑桥创举，卡内基成功地将钢铁广泛推广到基础设施建设方面。而钢铁的量产也使它们再也不是从前精致小物件的制作原料，一举成为基础设施建设的基石。

精明的投资者卡内基早就看准了钢铁生产的广阔市场，因此他斥资成立了独立的卡内基兄弟公司，采用新式炼钢法，以生产效率和价格优势挤兑同行业竞争者，并趁着国内经济萧条，将相关行业的企业一个接着一个地并购入自己的公司，最终在钢铁行业形成了垄断。1892 年，以卡内基名字命名的钢铁帝国——卡内基钢铁公司终于成立！

19 世纪中后期的第二次工业革命成就了卡内基，也成就了美国，使这个刚经历南北战争不久的年轻国家快速跻身资本主义强国之列。

如果说卡内基的前半生是一个白手起家的励志故事，那么他的晚年就是一个“散财败家”故事。

在他的晚年，他将凝聚着他一生心血的钢铁公司全部卖掉，同时把绝大部分财富捐献给了社会。他说：“带着财富死去是可耻的。”

对这句意味深长的话，人们一直存在着多维解读。但无论如何，一个人把巨额财富无偿地捐献给社会，肯定不是坏事。如今，微软公司创始人、曾经的世界首富比尔·盖茨，也选择了与卡内基相同的道路。也许有过常人难以企及的财富后，才感到精神富足是最珍贵的。

（韩毅）

世界运行速度提升了九倍：福特流水生产线的诞生

如果你看过喜剧大师卓别林的那部《摩登时代》，肯定对他在流水线上疯狂拧螺丝的经典桥段有深刻印象。

电影中，不停运转的自动化流水线生产模式仿佛成了当时人们心目中“机器大工厂”的标志，而实际上，这种生产模式是在机器工厂普及 70 多年后才出现的。

首先将这种自动化流水线生产模式应用于工业生产的人是谁呢？

他就是汽车大王亨利·福特。这个福特就是大家熟知的福特汽车创始人。

福特 1863 年出生于美国密歇根州的一个农民家庭，父亲是爱尔兰人，因为无地可种才移民美国，母亲在他幼年时死于难产。福特虽然是家中长子，但年幼的他对帮助父亲干农活提不起任何兴趣来，反倒是经常想方设法地偷懒逃避，捣鼓他自己的小机械玩具。

据说福特上小学的时候，有一次，老师正在课堂上给同学们讲美国历

◆ 查理·卓别林《摩登时代》表演拧螺丝的场景

史上的奇闻逸事，别的同学都听得很起劲儿，唯独福特，不耐烦地东瞧瞧、西看看，最终，目光落在了老师放在桌子上的怀表上。

看着这个嘀嗒走字的小玩意儿，好奇心极强的小福特特别希望弄明白它为什么能不停地走。于是，趁老师专注讲课之际，福特偷偷拿走了怀表，并用常年带在身上的一套简单小工具把它拆开。没过多久，聪明的福特就自己弄懂了手表的核心部件齿轮装置和擒纵器的运行原理。

正当他得意扬扬地沉浸在自己的小世界里时，突然，耳边传来一句大吼：“福特！放学后你不许走！在这处理好你自己搞出来的烂摊子！不把它恢复原状你今天就不许离开学校！”

老师以为福特这个捣蛋鬼肯定修不好这拆散了的手表，正好以此给他一个教训。谁知道福特爽快地答应了："好的老师，我会把您的表修得和以前一样好！"

福特虽然没有特别大的把握，但性格倔强的他还真没有对任何人服过软。

"好，好，这可是你自己说的，福特！"老师说。

结果到了放学之后，福特仅仅用了十多分钟的时间，就凭着自己在机械方面的天赋，把怀表重新装好了。

老师看了目瞪口呆："你……你是怎么做到的？"

小小年纪的福特当时说了一句可能事后连自己都不知道为什么会说出口的话："当你认为你自己能做到或者不能做到一件事情的时候，你都是对的。"

这句话很绕口但足够深奥，意思是说你觉得自己做不到，那你就真做不到。你觉得你能做到，你就会努力去实现，最后真做到了。

由于对读书实在不感兴趣，17 岁的福特去了工业发达的底特律城，一边打工一边学技术。一个偶然的消息，使福特将关注点放在了汽车上。

1885 年和 1886 年，德国人卡尔·本茨和戴姆勒分别制造了三轮汽油车和四轮汽油车，这标志着真正实用的现代汽车的诞生。但在当时，汽车的应用还并不普及，还只是上流社会炫耀和猎奇的一种新玩具而已。

然而，这些消息传到大西洋另一侧的美国时，却令福特兴奋不已，他想要让汽车这种交通工具像电灯一样，走进千家万户的生活，而不仅仅是上流社会的玩物。

这时，福特在爱迪生电力公司做工程师。有了新的奋斗目标后，福特在 1897 年向老板爱迪生提交辞呈。作为一名成功的发明家与企业家，爱迪生对福特辞呈中所描述的发动机与汽车技术的发展前景也十分感兴趣。

◆ 1928 年生产的福特汽车

纵使对这个有理想敢实践的天才少年的离开有些不舍，但他还是勉励福特说：

"年轻人，放手去做吧，任何重量轻、能发动大马力并能自动补给的发动机都会有光明前景的。勇敢地去做你的发动机和汽车吧！如果你能做到你想做的，我看你会有更远大前途的。"

爱迪生的鼓励使福特对发动机与汽车开发的前景充满了信心。1898 年，福特开办了第一家属于自己的汽车公司——底特律汽车公司。由于缺乏经营管理的实际经验，过分注重研发而忽视营销，导致这家公司在仅仅生产了 25 台汽车后就于 1900 年倒闭了。

一年之后，福特重整旗鼓，在之前结识的一些企业家的资助下开办了他的第二家汽车工厂。这次，福特吸取了失败的教训，通过举办汽车竞速赛作为营销手段吸引公众眼球。一位赛车手驾驶着他设计的福特 999 赛车，在 40 秒内跑完了一英里，并驾驶这辆汽车周游美国，达到了非常理想的宣传效果。

随后，源源不断的客户订单使得公司经营状况渐入佳境，福特本人也大赚了一笔。

可是好景不长，福特与投资方在经营理念上出现了矛盾：福特的想法是将汽车在下层民众中推广，开辟新的市场，在保证产品质量的基础上尽可能提高汽车的生产效率；而投资方则是想全力致力于车型、性能、速度、设计等方面的提高，将汽车的设计高端化、贵族化，进而垄断现有的上层社会的市场。

1903 年，福特被投资方排挤，退出公司。这个公司，后来改了一个也广为大众熟知的名字——凯迪拉克。

离开公司后，在几个好友的支持下，福特再一次开办了属于自己的汽车工厂。虽然工厂在 1906 年和 1908 年设计出数款经济实惠型的汽车，在一定程度上降低了成本，但是依旧没能达到他所预期的效果。成本还是不够低，售价还是不够便宜。

不过，历史机遇终于眷顾了这个孜孜以求、永不言败的探索者。

1911 年，一名叫作弗雷德里克·泰勒的管理学家发现了一种科学的工厂管理方法，其核心就是流水化作业和标准化生产。这种管理方法很快就被部分工厂主采用，其中就包括福特的一位在芝加哥开屠宰厂的朋友。

一次，福特去芝加哥拓展业务，这位朋友热情洋溢地邀请福特参观自己的屠宰厂。天生就对生产技术充满好奇的福特认真观察了屠宰厂的生产流程：首先通过电击将牛电死，然后放血，放血后将牛吊起来，再然后用锯开膛破腹，最后进行肢解。

在这过程中，每一道工序都由固定的人负责，他们都只重复做这一道工序，下一道工序就交给另一拨人去做，直到加工完毕。

看到屠宰场的生产流程，福特突发奇想：现在的汽车生产，包括我的

◆ 1938 年底特律福特汽车工厂的生产线

厂子里，都是两三个工人一起，从头到尾装配一辆汽车，这样要两三天才能生产出一辆。如果我把屠宰场的方法应用到汽车制造上，每个工人只负责重复一道工序，那么，生产效率也许就会大大地提高。

福特随即回到工厂，根据自己所掌握的技术，耗时数月设计出了人类历史上第一条自动化的流水生产线。

通过传送带，每个工人机械地重复一道工序，就像卓别林拧螺丝那样，快速地重复一个动作，完成这个动作后再传送到下一个人，以此类推，直到生产的最后一步。

令所有人都没有想到的是，通过这种流水线的生产模式，工人们平均生产一台汽车的时间从 52 小时 46 分急剧缩减到 5 小时 49 分，速度是过去的九倍多！

生产线不断优化，1914 年福特公司的 13000 名工人生产了 26.7 万辆汽车；而同期美国其余 299 家工厂的 66 万工人仅生产了 28.6 万辆汽车，福特公司的人均效率是其他公司的 47 倍。福特公司之前一辆轿车的售价为 4700 美元左右，1914 年福特公司的 T 型车售价已经降到了 360 美元，使小轿车成为平民也可以买得起的交通工具。

◆ 亨利 · 福特纪念邮票

到 1927 年，美国中产阶级家庭几乎家家都有一台福特汽车。汽车的普遍使用不仅方便了人们的日常出行，更进一步提高了人们的生产和生活节奏，据说使这个世界的运行速度提高了 9 倍。而在福特之后，随着飞机、互联网、3D 打印相继出现，世界运行的速度好像越来越快了。

（韩毅）

『飞行者一号』上天：莱特的飞机

1871 年的 8 月 19 日，当母亲告诉 4 岁的威尔伯·莱特，他有了一个弟弟的时候，人们或许还不知道，实现人类飞向天空的梦想的神兽已经诞生了。

对，他们就是后来发明飞机的兄弟俩——莱特兄弟。他们出生于美国，从小就对各种机械表现出浓厚的兴趣，天资聪颖加上父亲对他们的悉心培养，莱特兄弟早早地就被很多工匠认为能成为优秀的机械师。

1894 年，当大清与日本爆发了甲午海战的时候，美国正值第二次工业革命时期，各种新兴产业不断兴起，年轻的美国走上了崛起之路。

就在这一年，两兄弟创建了莱特自行车修造铺。兄弟俩出色的手艺让这个小铺子的生意格外红火。但是，他们的梦想可不仅仅是造出好用的自行车，而是怀揣着飞向蓝天的梦想，希望制造出一个能在空中飞翔的交通工具。他们用大量的时间来刻苦研读有关空气动力学和机械设计的知识。也许在他们看来，再昂贵的自行车，也无法与最粗陋的飞机相提

◆ 悬挂在中国香港机场顶棚上空的“莱特兄弟”飞机

并论。

自古以来，人类就有像鸟儿一样飞上蓝天自由翱翔的梦想。

由于技术所限，这个梦想数千年来从没有真正实现过。但不论是古老的东方还是遥远的西方，前人都对飞行做过一次又一次的积极探索。这些探索虽未成功，但它们奏起了人类真正翱翔蓝天的优美序曲。

在中国，明朝时期就有一个官员陶成道为了飞天献出了自己的生命。他将自制的“火箭”绑在座椅下方，自己手持两只大风筝坐在椅子上，企图点燃“火箭”后借着其推力使自己升空，升上天空之后利用风筝浮在天空。

结果可想而知，点燃的“火箭”发生了爆炸，并没有能够将陶成道送上天空，而是把他“送上了天”，他就这样为探索飞天献出了生命。

在西方，达·芬奇一直以画家身份为大众所熟知。

其实达·芬奇是个全才。达·芬奇所留下的手稿记录了很多奇特的想法，其中就有他所设想的飞行器设计图。设想中的飞行器以弹簧为旋转动力，当达到一定转速时，就会把机体带到空中。驾驶员拉动钢丝绳，掌握飞行方向。这被认为是最早的直升机设计蓝图。

但当时空气动力学还不发达，达·芬奇并未能将这个飞行器的设想付诸实践，但他这个设想大大启发了后人对飞行器的研究，尤其是对直升机的研究。

早在飞机出现之前，人类就已经拥有了可以载人脱离地面的飞行器。

最早的载人飞行器是热气球，第一次热气球飞行是由法国的蒙特哥菲尔兄弟在 1783 年完成的。热气球的原理在今天看起来并不复杂，它通过加热气球内的气体使得气球内部空气密度变小，从而使热气球的重力小于空气浮力，推动热气球上升。在热气球出现后，飞艇也被发明出来。

早期飞艇和热气球的外形和原理差异不大，都是靠浮力。但到了 19 世纪工业革命大发展时期，电力、内燃机、蒸汽等不断推进，各种新技术被堆到飞艇上。

到 1900 年前后，飞艇和热气球的形态已泾渭分明。以齐柏林飞艇为例，艇身框架由轻盈坚固的铝制成，框架内分割出多个舱室，用以放置气囊。气囊内填充氢气，这种气体比大气更轻；而框架外则用织物包覆作为蒙皮。

虽然飞艇与热气球相比更灵活，也摆脱了燃料问题。但在第一次世界大战的战场应用中证明它的缺点还是十分突出的：飞艇是个笨重的庞然大物，速度慢，不灵活，氢气易燃，极其不安全，事故率高。因此飞艇逐渐退出了历史舞台。

人们需要一个速度更快、更灵活、动力更持久、更安全的飞行工具——这就是飞机。

莱特兄弟认为，未来"能飞的机器"不能依赖人力和天气，必须要有自己的动力才行。第一次真正意义上的飞机载人飞行便是由莱特兄弟实现的，虽然只飞行了 59 秒，飞行里程 260 米。

其实在莱特兄弟之前，美国的兰格莱、法国的堂布勒等人就已经对飞机做了大量研究，但他们都没能使飞机在载人的情况下完成有效飞行，也就是飞行到一定距离，且安全着陆。只有莱特兄弟实现了这一点。

任何成功前面都会有无数次失败，莱特兄弟的载人飞行过程也并非一帆风顺。

一开始，他们制成的是滑翔机，也就是说唯一的动力只能来自风力。1900 年 10 月，莱特兄弟放飞了自己研制的第一架滑翔机，这次飞行可以说是成功的，虽然只离地 1 米多高，只飞行了几秒钟，飞行距离也很近，但毕竟是在载人的情况下完成了一定距离的飞行。这次飞行的经历给了莱特兄弟俩极大的信心，随后，他们经过多次改进，又研制了另一架滑翔机并再次进行试验，这次飞行高度比上次明显提升，有 180 米高，距离也更远。

但莱特兄弟并没有就此满足，经过反复论证和思考，他们认为可以把汽车的发动机装到飞机上试试。

然而事情并没有那么简单，当时的汽车发动机普遍体积较大，重量也很大，根本无法安装到飞机上，即使强行安装上去，因为飞机载重有限，也不可能飞得起来。为了解决这个问题，莱特兄弟绞尽脑汁。幸运的是，

◆ 莱特兄弟的飞行器在赛道上准备起飞

有一名制造发动机的工程师知道这个事后，主动提出帮助莱特兄弟。在他的努力下，一架重量和体积都达标的发动机被制造出来，并最终成功安装到滑翔机上。

解决了发动机这个大难题，莱特兄弟的研制进度明显加快。他们利用发动机通过链条式传动装置带动螺旋桨旋转，从而推动飞机向前飞行。

1903 年 9 月，莱特兄弟驾驶装有发动机的飞机试飞。令人沮丧的是，这次试飞总是因为这样或那样的问题导致飞行失败。虽然并没有一击成功，但是为再一次的飞行试验积累了宝贵经验。

奇迹发生在 1903 年的冬天。在凛冽的寒风中，莱特兄弟驾驶“飞行者一号”再次进行了试验。这次试验，是人类历史上第一次成功驾驶自身

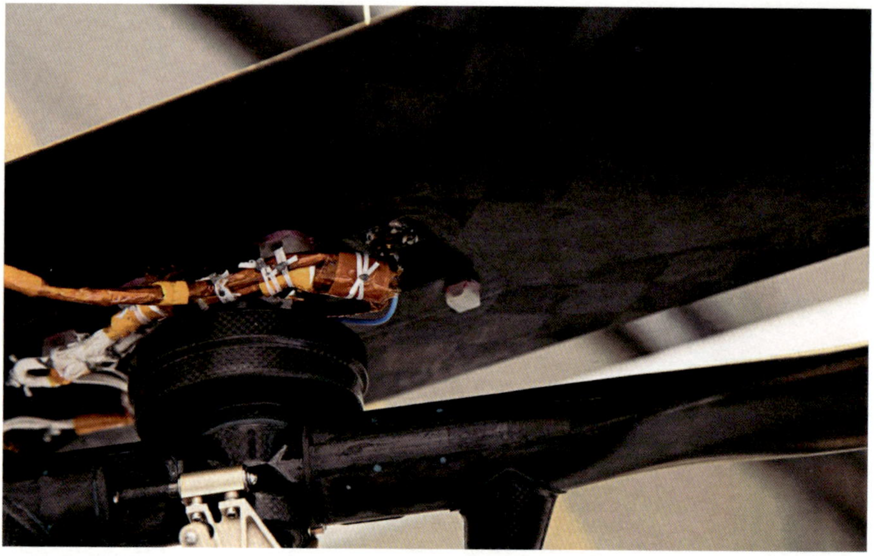

◆ 莱特兄弟飞机的一块布料随“机智”号直升机在火星上飞行

具有动力的飞行器，并在驾驶员可操控的情况下完成的、较为稳定的持续飞行试验。

第一次试飞由弟弟奥维尔·莱特进行。他驾驶“飞行者一号”完成了持续 12 秒、距离达 36.5 米的飞行。随后兄弟俩交替进行飞行，其中飞行距离最远的一次由哥哥威尔伯·莱特完成，总共飞行了 260 米，留在空中的时间达 59 秒。

虽然飞行距离不远，时间也不长，但这一试验开启了人类可操控持续飞行的历史。现代飞行器不论多么复杂，最基本的原理依旧要追溯到莱特兄弟设计的那架“飞行者一号”。

几十年后，随着航空事业的发展，喷气式飞机逐渐取代了螺旋桨式飞机。现在看来，当初的“飞行者一号”是那么原始，但就是这么一架原始的飞行器，让人类有了脱离地面、飞向蓝天的可能。

千百年来，人类认为阿拉丁所乘坐的“飞毯”，只是一个不可能在现实世界中存在的梦想。但莱特兄弟的天才创造，把人类过去的梦想从神话变成了现实。虽然飞机发明至今不过 100 多年，但是已成为现代社会最主要的交通工具之一，它使我们生存的巨大星球变成了一个小小的世界。

（王小伟）

跑出中国速度：中国高铁

现在出行，很多人选择乘坐高铁。中国高铁取得了举世瞩目的成就，不过就在这短短十几年间。

不少人都还记得十几年前坐火车的经历：一到过年，每列绿皮火车里都坐满了人，过道上也睡满了人，甚至连卫生间都有人睡觉。高铁发展起来后，情况发生了很大的变化，列车速度大幅提升，车厢环境也大大改善。

现代铁路运输的历史，可以追溯到1825年英国人修建的、从斯托克顿到达灵顿的铁路。它是世界上第一条成功运营的蒸汽火车铁路，当时的平均速度只有每小时13公里，甚至还不如自行车速度，与现在高铁平均300公里的时速更是差距甚远。

而中国铁路的开始，应该从同治初年（1862）算起。当时，英美等国洋行两次郑重建议清政府修铁路，均遭到拒绝。当然西方人让修铁路绝不是单纯学雷锋做好事，而是看中了庞大的中国市场。

◆ 1825 年 9 月 27 日，世界第一条铁路在英国通车

西方人也建议日本人修铁路，没想到日本和清政府的态度截然相反。当西方人把轮船、铁路等现代化设施的模型附上说明书送到日本，日本人非常欢迎，一边鞠躬一边道谢，从此积极引入西方文明，从器物到制度，于是有了明治维新，逐渐实现了富强。

但西方人对大清国不死心，觉得肯定是大清国官员没有听懂他们的意思，不明白火车的好处。那就再试试吧！

1865 年，为了让大清国了解铁路的先进之处，美国人干脆不远万里运来一辆火车，并在北京宣武门外修了一段铁路。这铁路不长，只有几百米，但作为示范表演已经足够了。

◆ 1876 年，上海吴淞铁路开通“先导”号机车和列车

到了表演的那一天，达官贵人来看热闹的倒是不少，可惜火车开动时发出的声音太大，让文武官员都不自觉地捂起了耳朵。大清的官员们被吓坏了，火车的命运自然好不了。美国人的计划泡汤了，朝廷指示，会吼叫之钢铁怪物岂宜存于吾天朝上国？即令拆除。没几天，步军统领衙门就派人把它拆除了。

最后，美国人只能丧气而归，轮到英国人来碰运气了。

1876 年，英国人在上海至吴淞之间修通了一条铁路。火车在铁路上行驶，吓坏了一些人，也吸引了一些人。管理者一再声明：不准任何人到铁轨上去。但人们还是偏要挤上去看个究竟。洋人急得来回跑，大声吆喝，挥舞旗子，百姓不敢靠近了，但官兵却不怕。可惜，这个铁家伙真的不认人，一个官兵被轧死了。

最后结局可想而知：铁路奉命停止运营。但这次朝廷也没有完全不讲道理，而是派李鸿章等去谈判，花 28 万两银子把铁路买了下来。

正常逻辑买下来自己运营，或许是划算的，毕竟中国国土面积大，人口多。可是清政府好像并不在意那几十万两银子，买下铁路后却并未使用，也没打算使用。后来的做法更绝：花银子雇人拆了，最后扔到海里。这一回，轮到英国人目瞪口呆了。

直到后来，清政府为了运煤便利，才开始自己建铁路。

1881 年，中国人自己修建的第一条铁路——唐胥铁路建成通车。可是，你知道这是什么样的“火车”吗？一群驴马拉着列车，在铁道上缓缓前行，因为马粪很快掩埋了铁路，所以要安排许多人背了粪筐拾马粪。

那个时候，欧美开始应用电气机车，清政府却连蒸汽机车都没有接受，可见在铁路发展上，至少落后了半个世纪。

铁路在中国的发展可谓坎坷曲折，甚至到新中国成立后数十年里，我们依然落后。

1949 后，中国铁路发展开始奋起直追。20 世纪 60 年代，随着经济的发展和科技的进步，世界各国纷纷开始筹建高速铁路。当时铁路的分类方式有很多种，这里说的高速铁路则是根据列车运行速度进行划分，区别于普速铁路和快速铁路。

不同国家对于高速铁路的标准各不相同，我们中国国家铁路局将高速铁路定义为：新建设计开行 250 公里 / 小时（含预留）及以上动车组列车，初期运营速度不小于 200 公里 / 小时的客运专线铁路。

也就是说，高铁必须具备三大特征：新建铁路、时速达标、客运专线。

在 20 世纪前期，火车“最高速率”超过时速 200 公里者寥寥无几。

直到 1964 年日本的新干线系统开通，是史上第一个实现“营运速率”高于时速 200 公里的高速铁路系统。

在这之后，法国、德国、意大利、西班牙、比利时、荷兰、瑞典、英国等欧洲大部分发达国家，大规模修建本国或跨国界高速铁路，逐步形成了欧洲高速铁路网络。而直到 20 世纪 90 年代，亚洲其他国家和地区才掀起修建高速铁路的浪潮，其中就包括中国、韩国。

2003 年中国第一条高速客运专线——秦沈客运专线建成，中国铁路才正式步入高速化。需要说明的是，由于秦沈客运专线是既有线路改造提速，不符合“新建”标准，属于中国高速铁路的探索、过渡，后被划归京哈铁路。

在中国高铁发展之初，曾有过轮轨技术与磁悬浮技术之争。

所谓磁悬浮，就是通过电磁力使磁悬浮列车能减少摩擦阻力，悬浮于轨道上运行。当时人们对于兴建高速铁路已经达成共识，但究竟是使用轮轨技术还是向磁悬浮方向发展却产生了分歧。通过兴建秦沈客运专线与上海龙阳路至浦东机场的磁悬浮实验线比较，在经过大量论证之后，中国最终选择了轮轨技术发展高速铁路。

从技术上看，采用轮轨技术可以兼容现有的铁路网络，这是磁悬浮所不具备的优势；从经济效益上看，采用轮轨技术，造价远低于磁悬浮列车。从现在中国高铁的发展来看，当初选择轮轨技术是具有远大战略眼光的非常正确的决定。

中国高铁的发展速度之快让世界震惊。

截至 2018 年末，中国高铁营运里程居全球第一，占世界总里程的 65%。而且，中国高铁的速度与铁路修建技术也在不断打破世界纪录。

更让国人自豪的是，中国高铁拥有自主知识产权，是属于中国人自己的高铁。

曾有人质疑中国的高铁是“中国壳、外国心”，认为它的技术完全来自日本的新干线和德国的西门子等公司，这是对中国高铁发展的一大误解。

的确，在中国高铁发展之初，我们的技术力量较为薄弱，不得不借助于国外的技术支持。但从一开始 ，中国铁路总公司（当时为“铁道部”）就秉承以市场换技术的思路，对国产化率提出了极高的要求，要求采购的机车 80% 必须在国内制造并完成组装，树立了尽快掌握高铁核心技术的目标。中国北车和南车两家公司后发先至，投入大量人力物力进行技术攻关，在短时间内使中国高铁技术达到世界先进水平。

高速铁路是一个庞杂的系统，包括线路修建、接触网技术、信号技术，以及高铁网络的运营和高铁动车车辆的制造。能够将如此复杂的系统建立起来并大规模运营，说明我国的高铁建设技术在各个领域均已具备自主研发和创新能力。

目前中国制造和运营的高速列车均为 CRH（China Railway High-speed：中国铁路高速）系列电力动车组。

很多人分不清高铁和动车的区别，以为高铁就是 G 字头列车、动车是 D 字头列车。其实高铁严格意义上指的是高速铁路，区别于普速铁路和快速铁路。

动车指的是自身具有动力的列车，可以把动力装置分散安装到每节列车上，不仅仅依赖于车头提供牵引力，所以相对于仅依靠车头牵引的传统火车速度能够得到很大提升。

简言之，高铁通常指高速铁路，动车指的是在高速铁路上跑的动车组

◆ 秋天穿越广西大地的高铁

列车，包括D字头和G 字头。D字头，读“动”，普通动车组列车；G字头，读“高”，高速动车组列车。

今天，不断提升的服务质量和舒适的乘车环境，吸引着越来越多的人选择坐高铁出行。高铁使中国这个幅员辽阔的国家不同地区的交流变得前所未有的频繁，为中国经济发展注入源源不绝的动力。中国高铁不仅跑出了中国速度，更创造了中国奇迹。

（王小伟）

探索宇宙奥秘：中国航天

历史的脚步到了 20 世纪似乎格外快。

飞机、高铁相继出现，世界的距离开始缩小；工厂流水线极大提高了生产力；街道上飞驰的汽车越来越多；人们的生活节奏与之前的几千年比，有了翻天覆地的变化。

但不得不承认，人类生活需求是促使技术发展的基本因素。但战争就像是催化剂，它带动了各国各种尖端技术的发展，前面我们讲到的电脑就是一个很好的例子，尤其是两次世界大战导致军工高精尖技术爆发式发展，世界各国不得不集中精力研发各种新式武器。

“一战”时还主要是陆地战的军备竞赛。火力虽然比较猛，但是主要还是火炮等这些兵器，打击距离不足，即使是超级大炮，射程也不过是 100 多公里。当时飞机虽然已经出现，但是航程、载弹量等还是不足，没法发挥太大的威力。

“二战”时就不一样了，海陆空都用上了，尤其是空军力量。当时战

◆ 我国第一颗人造卫星“东方红一号”发射成功

略轰炸力量有了较大的进步。比如美国的 B17、B29 等这些重型轰炸机，能够载着数吨炸弹飞行上千公里直捣敌营，以数百架轰炸机的力量直接摧毁其纵深腹地的工厂、交通设施等，破坏其战争机器。

而且“二战”中导弹也开始出现，当时的轴心国德国是世界上最早研制导弹的国家。导弹实现远程打击根本不是问题，也就意味着没有一块绝对安全的地方了。

“二战”后的美苏争霸也促使当时的两个超级大国在这一技术上突飞猛进，领先世界。

与前面说的铁路、高铁一样，中国虽有与航天相关的历史悠久的神话故事，但在航天技术起步上还是落后于世界。然而，勤奋的中国人奋起直追，才有了我们今天的“神舟”“嫦娥”“北斗”等等一系列新名词。

如果要说中国的航天史是从什么时候开始的，还要从 1970 年我国首枚航天运载火箭“长征一号”成功将“东方红一号”人造卫星发射成功说起。我国也因此成为全球第五个自行研制和发射人造卫星的国家，中国航天也正式进入国际视野。

如今，“东方红一号”仍在绕地球飞行。

近年来中国的航天技术发展之迅猛，是其他国家不能比的。卫星只是第一步，我们的梦想是载人登月甚至到更遥远的太空遨游。

在中国航天史上有几个节点是值得我们铭记的。首先是载人航天，1999 年 11 月 20 日，我国首艘无人试验飞船“神舟一号”发射成功，这标志着中国在 21 世纪来临之前进入了“载人航天时代”；四年后，第一艘载人飞船“神舟五号”搭载中国首位宇航员杨利伟顺利升空。

杨利伟，一个值得所有中国人铭记的名字。

◆“神舟一号”飞船返回舱实物

◆“嫦娥五号”着陆器

在载人航天取得巨大进步的同时，我国的探月计划也在如火如荼地展开。

2007 年，我国首颗探月卫星“嫦娥一号”成功奔月，传回了首张月球表面图，在千年后中国人的神话传说“嫦娥奔月”终于实现了。虽然月球上没有月兔，没有吴刚，有的只是坑坑洼洼的山丘。

但这里，确实有很多需要我们去探索。虽然它是我们最熟悉的邻居，但我们对它的了解少之又少。在“嫦娥一号”之后我们做了多次探测尝试，直到 2020 年 11 月 24 日嫦娥五号发射成功，这次它的任务不仅仅是给月球拍照这么简单了，它还有一个艰巨任务——带回月球土壤。

当然月球土壤不是第一次被带回，但距上次 1976 年苏联的“月球 24 号”探测器最后一次采集月球样本至今，人类已经有 44 年没有再更新月球土壤样本，并且这次中国采集的月球土壤年龄不仅要新，而且还是苏联和美国探测器未登陆的区域。

这也难怪世界各地的科学家都在翘首以盼这些“土”，也许这里藏着很多科学密码和宇宙秘密。

在人们欢呼登月成功，一次次航天发射成功的时候，你是否想过：在和平的年代，这些航天发展值得庆祝。但如果在战争年代，太空计划的根本其实是国防计划，它首先满足的是最高精武尖器研发的需要，其次才是对宇宙奥妙的探知。

在 20 世纪中国几次落后于时代，21 世纪的我们需要抓住每一次机会，太空的竞争将是未来综合国力的竞争。

（王小伟）

结语：终结还是开端？
——新世纪的文化格局

此刻的我们，已经身处21世纪。尽管世界大战已经过去了70多年，但是世界上依然存在着贫困、危机和局部战争。未来的人类会最终走向世界大同，还是最终无法摆脱冲突的干扰呢？

“二战”之后，尽管西方有不少年轻人陷入生命的迷茫之中，然而不多久之后，世界局势的发展让西方人不得不开始面对一个全新的问题，那就是美苏两国在冷战时期的争霸竞赛。

也正是在这种对立中，很多人从虚无和迷惘中似乎重新找到了意义和方向，那就是坚信冷战终会结束，这个世界终会走向大同。

从20世纪80年代到今天，西方思想界始终有两种不同的观点在论战。一种观点是美国学者福山所提出的“历史终结论”。他认为人类最终会走向大同一体的未来，历史不会再往前发展。

另一种针锋相对的观点则是美国学者亨廷顿的“文明冲突论”。这种观点认为未来的世界中，不同的文明和文化之间，依然会存在着不可消除

◆ 弗朗西斯 · 福山

的冲突。

这两种观点各有各的证据，所以都各自赢得了一批追随者。如果说“历史终结论”的证据在于柏林墙的倒塌事件，那么“文明冲突论”的证据就是震惊世界的“9 · 11”事件了。

说起柏林墙的倒塌，可以说是“二战”之后影响世界的标志性事件。尽管美国、英国、法国和苏联都是第二次世界大战的战胜国，可是在战争结束之后彼此之间却出现了对立的局势，毕竟美、英、法三国的社会经济制度与苏联不同，分属于不同的政治阵营。于是在德国战败之后，首都柏林被分成了东柏林和西柏林两个部分，而整个德国也被分成了东德与西德。其中苏联占领了东柏林和东德，美英法则占领了西柏林与西德。作为战败国，德国在“二战”后的 40 多年时间中，始终无法实现统一。

◆ 印有“兄弟之吻”画面的柏林墙

尽管西柏林是西德的领土，但麻烦在于，西柏林又在东德的领土范围内。所以苏联一直试图让美、英、法军队撤出西柏林。两大阵营之间因为这一问题发生过好几次冲突。最终，为了避免人员的流动，在东柏林和西柏林之间划一条界线，苏联所占领的东德在柏林修建了著名的柏林墙，并称之为“反法西斯防卫墙”。

后来随着美苏争霸以及冷战日益升级，柏林墙从一道分割线，越来越成为冷战的象征了。可是毕竟柏林是一座完整的城市，这种人为的分割终究无法永远持续下去。随着冷战后期苏联日益走弱，柏林也逐渐出现统一的趋势。

1989 年，东德领导人最终决定拆除柏林墙。那些彼此分离的东西德亲友们终于有机会团聚在一起了。

柏林墙的倒塌是冷战走向结束的象征。伴随着此后苏联的解体，很多西方学者都认为，走向天下大同的曙光正在显现。而“历史终结论”就是在这一大的历史背景下提出来的。历史终结，并不代表人类以后没有了纷争，没有了冲突，而是说人们的价值观不再有根本的差异，大家都会往同一个方向努力奋斗，从此不再有根本性的分歧和矛盾了。

在此后的十几年时间里，历史终结的观点赢得了很多世界各地的追随者。与这一观点同时出现的“文明冲突论”遭到了人们的忽视和抛弃。可是俗话说“三十年河东，三十年河西。”就在人类大同的理想看似要实现的时候，“9·11”事件爆发了。

2001 年 9 月 11 日上午，恐怖分子劫持了两架客机，并驾驶它们撞向了位于美国纽约的世界贸易中心大楼。顷刻间，两幢大楼相继倒塌。

这次灾难一下让所有美国人陷入巨大的恐慌和不安之中。本来以为已经进入太平盛世的美国，突然陷入了前所未有的危机。9 月 13 日，本·拉登被锁定为这次袭击事件的指挥者与策划者，而正是在他建立并领导下的基地组织，制造了这起灾难。经过了不到一个月紧锣密鼓的准备，10 月 7 日，美国总统布什正式宣布进攻阿富汗，以清除威胁到美国安全的基地组织，开启了影响深远的反恐战争。

“9·11”事件可以说是西方历史进入 21 世纪的标志。尽管此次事件造成了大量无辜的死难者，而且也造成了美国巨大的经济损失，但从根本上来说，“9·11”事件最深远的影响在于，它让很多沉醉在历史终结论中的人们从美梦中惊醒，惊呼历史不但没有终结，反而变得更为复杂和多元了。随着“二战”的结束和柏林墙的倒塌，新的冲突与灾难又再一次来到了这个世界。

也许人们会认为，本·拉登这样的灾难制造者应该是一个历经挫折而

◆ 9 · 11 恐怖袭击事件

不得志的人。事实恰恰相反。随着进一步地研究和调查，人们发现本 · 拉登出身于沙特阿拉伯首都利雅得一个极为富裕的家族，而且他们家族还与沙特的皇室具有非常亲密的关系。从出生之日起，本 · 拉登就拥有衣食无忧的贵族生活环境。他依靠家族企业，很快就在沙特与西方拥有了多家公司，而且他的业余生活也非常丰富，有着各种各样的兴趣爱好。

那么为什么他会建立恐怖组织并策划这场骇人听闻的灾难呢？原因就在于他在工作之中并没有感到真正的满足感。尽管全球的经济在不停向前发展，但这与他的信仰和信念产生了巨大的冲突。

不但如此，在他的成长岁月中，他和很多同行者都深深感到，无论是美国还是苏联，都无法给他们带去和平与幸福。相反，美苏争霸反而在包括阿富汗在内的阿拉伯地区制造了太多的灾难与动荡。因此，他们既仇恨美国，也厌恶苏联。早在 20 世纪 80 年代初，本 · 拉登就和很多同行者一道前往阿富汗，从事反抗苏联入侵的军事活动。不但如此，他还在此后的20年间里策划了一系列的爆炸案和暗杀行动。“9·11事件”只不过是他一系列计划中的一个而已。

如果说20世纪的西方历史中，人类会因为社会理想、经济危机等问题而爆发战争，那么“9·11”事件则说明，即便社会进步了，经济发展了，人与人之间依然存在着根本的冲突，因为在这个地球上存在着很多不同的文明。

柏林墙的倒塌，并不意味着人类从此拥有了同样的价值观，而只是意味着西方文明暂时取得了相对的优势。但世界存在着不同的文明，它们都有各自的文化理想与价值追求。

这就是“文明冲突论”所倡导的观点。“9·11”事件的爆发印证了这一观点。一时间它的提出者亨廷顿成为世界著名的政治学家，他的著作《文明的冲突》也成为炙手可热的畅销书。

此刻的我们正处于21世纪的历史中。

未来的西方文明会有怎样的发展？未来的人类文明是否会实现天下大同，还是会陷入更为剧烈的文明冲突之中？这些问题目前都没有终极的答案。

不过可以确定的是，无论是东方文明、西方文明还是其他地区的文明，都不会随着经济的发展而烟消云散，反而会因为全球化的深入而日益展现出各自不同的价值观与发展道路。中国人有句古话叫“和而不同”。也许和而不同的世界，才是真正美好的未来世界。

（雷思温）

图书在版编目（CIP）数据

人类精神与生活的演化／花木僧主编；王小伟等著 .-- 北京：新星出版社，2022.3

（文明的故事；4）

ISBN 978-7-5133-4760-0

Ⅰ．①人… Ⅱ．①花… ②王… Ⅲ．①世界史－通俗读物 Ⅳ．① K109

中国版本图书馆 CIP 数据核字 (2022) 第 004928 号

文明的故事（第四卷）

人类精神与生活的演化

花木僧 主编；王小伟 等著

责任编辑：姜 淮

产品经理：李金学

责任校对：刘 义

责任印制：李珊珊

装帧设计：冷暖儿

出版发行：新星出版社

出 版 人：马汝军

社 址：北京市西城区车公庄大街丙3号楼 100044

网 址：www. newstarpress. com

电 话：010-88310888

传 真：010-65270449

法律顾问：北京市岳成律师事务所

读者服务：010-88310811 service@newstarpress. com

邮购地址：北京市西城区车公庄大街丙3号楼 100044

印 刷：北京美图印务有限公司

开 本：889mm × 1194mm 1/16

印 张：17.5

字 数：227千字

版 次：2022年3月第一版 2022年3月第一次印刷

书 号：ISBN 978-7-5133-4760-0

定 价：68.00元

人类精神与生活的演化